AF582624

प्रथमा

अभिनव उपाध्याय

Notion Press Publishers

Published by
Notion Press
Notion Press Media Pvt Ltd,
No.50, Chettiyar Agaram Main Road,
Vanagaram, Chennai, Tamil Nadu 600095
notionpress.com

ISBN:
First Edition: 2022

Printed in India
Repro Books Limited
Mumbai, Maharashtra

Book Designed by:
Ashwani Jaiswal
Contact:
Instagram: @ashwinjaiswal99
https://www.linkedin.com/in/ashwani-jaiswal-mediabuyer/
Email:ashwani7059@gmail.con

This book is dedicated to my family, who truly own my courage.
This is yours.

FOREWORD

"मनुष्य एक सामाजिक प्राणी है।" बारहवीं के समाजशास्त्र के पहले दिन जब यह वाक्य हमारे सामने आया, तो ऐसा लगा जैसे किसी अनजाने सत्य से हमारा सामना हो रहा हो। यह वाक्य उतनी ही सरलता से कहा गया था जितनी सहजता से लोग धूप में छांव की उम्मीद करते हैं, लेकिन मेरे भीतर कहीं कुछ हलचल मच गई। ऐसा लगा मानो मेरे भीतर का कोई हिस्सा इस वाक्य से असहमत था, जैसे प्रेमचंद के 'गोदान' के होरी ने समाज के नियमों को चुनौती देने का साहस किया था। मैं खड़ा होकर कहना चाहता था, "लेकिन मैं तो अपने आप में पूर्ण हूँ, समाज से कटा हुआ!" उस समय मुझे यकीन था कि मैं अकेला हूँ, एक मूक दर्शक की तरह जो समाज के हाशिये पर खड़ा है। लेकिन जब अध्यापिका ने पूछा, "कोई शंका?" तो मेरे भीतर का विद्रोही भी सिर झुका कर चुप रह गया, जैसे मैंने भीड़ के दबाव में खुद को खो दिया हो।

हमें हमेशा कहा जाता है कि सवाल पूछने में संकोच मत करो, लेकिन सच्चाई यह है कि हम अक्सर उस आज़ादी को महसूस ही नहीं कर पाते। जैसे निर्मल वर्मा के नायक अपने ही सवालों से उलझते रहते हैं, वैसे ही हम भी अपने मन के कैदी बन जाते हैं। हम सोचते हैं कि जो कहा गया है, वही अंतिम सत्य है। अतीत की परछाइयाँ हमारी सोच पर हावी हो जाती हैं, और हम उस अतीत में जीने लगते हैं। अपनी सुरक्षा के लिए, हम अपने चारों ओर दीवारें खड़ी कर लेते हैं, लेकिन यह दीवारें हमें समाज से अलग कर देती हैं। और जब समाज से यह दूरी बढ़ती है, तो अकेलापन हमें घेरने लगता है। यह वही अकेलापन है जो महादेवी वर्मा की कविताओं में झलकता है, जो हमें खुद से संवाद करने पर मजबूर करता है।

लेकिन यह अकेलापन कोई अंत नहीं है, बल्कि यह तो एक नई शुरुआत है। रामचंद्र शुक्ल की आलोचनात्मक दृष्टि से देखें, तो यह आत्म-अवलोकन का पहला कदम है। यह एक यात्रा है जो बाहर से भीतर की ओर ले जाती है, जहाँ हम अपने "आंतरिक समाज" से परिचित होते हैं। यहाँ हमारी विचारधारा का पुनः निर्माण होता है, और हम एक नए संवाद की शुरुआत करते हैं। यही वह जगह है, जहाँ से यह कविताएँ जन्म लेती हैं। ये कविताएँ एक ऐसी यात्रा की कहानी हैं, जो समाज से कट कर अपने भीतर के समाज तक पहुँचती हैं।

ये कविताएँ मात्र शब्दों का समूह नहीं हैं; ये उस यात्रा की अभिव्यक्ति हैं, जो बाहर के समाज से शुरू होकर भीतर के समाज तक जाती है। इन कविताओं में समाज के स्थापित मानकों से टकराव है, जैसे कि हम सब अपने जीवन में करते हैं। ये कविताएँ उस विद्रोह की कहानी हैं, जो हम सबके दिलों में होता है, लेकिन जिसे हम अक्सर व्यक्त नहीं कर पाते। हरिवंश राय बच्चन की 'मधुशाला' की तरह, ये कविताएँ

भी एक आंतरिक संवाद हैं, जो आपको सोचने, सवाल करने और नए उत्तर खोजने के लिए प्रेरित करेंगी।

मुझे हिंदी टाइपिंग बहुत बाद में आई अभी भी बहुत अच्छे से नहीं आ पाई है, ये किताब मेरे हिंदी सीखने की यात्रा का भी एक डॉक्यूमेंट है।
कुछ बचकानी कुछ रोष से भरी कुछ होश से भरी कविताएं इक्कठा की है मुझे उम्मीद है कि यह शब्द आप तक पहुँच पाएँगे। जैसा कि मैंने अपने समाजशास्त्र की कक्षा में सीखा, असली महत्व संवाद का है—और यह किताब उसी संवाद की शुरुआत है।

अभिनव उपाध्याय
कोलकाता

TARUN MIMANSA

1 KHUD SE NA BHAGO

Khud se na bhago
Bhag kar Kahan jaoge
Chalte raho
Yahan rukna mna hai

Giro Magar turant uth khde ho
Kyunki yahan jhukna bhi mna hai
Iss jivan ke rah mein
Kuch naye Sathi milenge
Kuch purana bicched jaayenge

Bhagoge khudse
To bhagte rah jaoge
Waise bhi tumhara ant yahi hai
Or antatah yahin rah jaoge
Khudse na bhago
Bhag kar Kahan jaoge

Dusron ke samne to thik
Magar khudki nazron me gire
To fir kbhi n uth paoge
Khud se na bhago
Bhag kar Kahan jaoge

2 BHRAM KI CHADAR

Kya tha main
Or kya ban gya
Kahan Jana tha
Kahan rah gya

Dil me khwahishein bahot thi
Aankhon me sapne bhi the
Kuch virodhi to kuch anchahe
Par unme kuch apne bhi the

Shahar me bhale pla-bdha
Par mai janm-jaat dehati tha
Hasta- hsata mast maula
Mai thoda adhik hi jazbaati tha

Kad Chhota or sharir thul-thula
Mano jaise koi Chhota sa hathi tha
Yun to mere sbhi sath the
Par koi na sathi tha

Chal to path par sbhi rhe the
Par koi na rahi tha
Hath me blla thame huye
Mai kalmon ka syahi tha

Yun to sab apna lgta tha
Par unme kya apna hi tha

Prapanchiyon se ghira pda
Mai murkh bda abhimani tha
Than liya jo man me ek bar
Usko to karna hi tha

Mai bhram ki chadar odhe huye
Uss chadar ko to fatna hi tha

3 BAATIEN KARIYE

Baatein kariye
Par baatein na uljhaeye
Bigad jayenge rishtey sare
Sbki baaton me na aaeye

Baatein kariye
Par batuni n ban jaeye
Baat ban kar rah jayenge
Log hasi udayengey
Baatein hai baaton ka kya
Par baatein na banaeye

Vichlit n hoeye
Log bohat baatein bnayenge
Baatein n suniye unki
Aap sunte hi rah jayenge

Baatein kariye
Par baatein n failaeye
Kuch Baaton ka mol bahot
Un baaton ko na bhulaeye

Ulajh jayega jivan jab
Palat kar na dekhenge log tab

Bit jaayega waqt
Or aap Baaton me hi rah jayenge

Baatein hai baaton ka kya
Baatein kariye
Par baatein na uljhaeye

Ulajh jayega jivan sara
Baatein na bdhaeye
Path se bhatak jayenge aap
Baaton me na aaeye

Baatein hai
Baaton ka kya
Par aap baatein na banaeye

4 ABHILASHA KE ANGAN ME

Bhare bhid me sbhi mere
Par apna Mera koi nhi
Hai deh dharatal par upasthit
Aatma hai or kahin

Niyati ki gehraeyon me
Man baitha hai wahin
Smjh nhi aata
Yah kaisa asmanjas hai
Kbhi kuch galat kbhi kuch sahi

Uthal puthal yah hriday ki
Vairag dharan kar rhi
Fir kyun
Umad dhambh yah kah raha
Nhi koi mujhsa tyagi hai kahin

Kya moh aisa bhi
Jo hriday vairagi tyagi nahi

Abhilasha ke aangan me to
Ful kuntha ke khilenge hi
Karya mali ka hai
Ki lipsa ke paudhon Ko de badhne nahi

5 BHAVISYAHEEN

N Jane kitno ne
Mujhe Bhavisyaheen kaha
Jo tum bhi kaho
To kya dukh hai

Hai kaeyon ko galat thahrane
Par tumhe
Sbha ke samukh hai

Daman se mile pralobhan ka
Ye nikharta roop bhi kya sukh hai
Purvotari iss andhad ka
Dakshinayan yun ho jana
Kalbaishakhi ka bhi ye
Kya vichitra nya rukh hai

Kitno ne adham kaha
Tum bhi kaho na kya chuk hai
Ye nishith mugdhta ki hai den
Jo likhith roop se samukh hai

6 KALE RAAT KE SAYE ME

Kale raat ke saaye me
Libas badal kar aaye ho

Pehchan gya mai tumko
Tum bewajah hi
Awaz badal kar aaye ho

Chehre par mukhota lagaye
Andaz badal kar aaye ho
Jakhm gahra tha aankho k niche
Tum mita nhi paye ho

Btao zra hum bhi to sune
Kya mansoobe le kar aaye ho
Are baitho tumse kya takrar hmein
Kaho kis iraade se aaye ho

Mehmaano k aane ka to ye ber nhi
Ghar me Lakshmi hai par mai kuber nhi
Nahi ye rasta sharifon ka
Ab tumhi btao
Kya ful bandhu tarifon ka

Hasi thitholi bahut huyi
Raat andheri chhayi hai
Are baitho tum kaha chale
Tumhe kis baat ki ghae hai

Kale raat ke saaye me
Kuch kala krne aaye ho

Yun hi nhi aise hi
Chehre par mukhota lagaye
Libas badal aaye ho

Baatein bhi wahi krte ho
Sirf alfaaz badal kar laaye ho
Pehchan gya mai tumko
Tum sartaj badlne aaye ho

7 TOOFAN SAMETE HUYE HAI

Ye mausmi barsat
Ye khali shahar
Ye suni sadkein
Ye yaado se bhra
Vairagi hota man
Bda toofan samete huye hai
Tumhein dikh rha hai kya

Ye khudki par aankh tikaye
Kale rang me rangte
Nile gagan ko dekhte huye
Ye aatma-charcha swabhavik to nhi
Bda toofan samete huye hai
Tumhein smjh aa rha hai na

Samjhna ye hai
Ki ye kala pdta aasman
Rnga nhi hai
Bas ghne badlon se ghira hai
Ye bas
Aasman ko ghere kale ghne badl hai
Jo hawa ke tej hote hi chhat jayenge

Abhi raat huyi nhi hai
Tum yun sir patak soya mt kro
Or ye kaisi mayushi
Prayas kiya tumne
Tum hare nhi ho

Smjh rhe ho kya
In baaton me kahin toofan chhupa hai
Tum sunn paa rhe ho na

8 MAI SIMA HU SWYAM KA

Mai sima hu swyam ka
Tum meri sima na nirdharit kro
Anant ki mujhe chah hai
Mujhe ant se na bhaybhit kro

Atit bhavisya sab tumhare godd me
Mai vartman ka sakshya hu
Har jit ki koi pratisrpdha nhi
Mai swyam ke samaksh hu

Mukhoton ka khel tumhara
Mai Jo bhi hu pratyaksh hu

Rang mera malin
Dekho
Hriday ke har kone se swachha hu

Santavna rkho tum apni
Mai purantah abhyasat hu
Nirdharan n karo mera
Mai swyam me hi smast hu

Anant ki mujhe chah hai
Ant se na bhaybhit kro
Akhand meri pratigya hai
Hai sahas to aao bhang kro

9 KSHITIJ PAR MILTE GAGAN KO

Mai kuch shad likhta hu
Kuch Shabd mujhe likhte hai
Mai in shabdon me
Khudko dhundhata hu
Or ye shabd
Mujhe talaashte hai
Iss shabdon ke khoj bin me
Chhutte kae rastein hai

Mai anant ko pukarta hu
Ant Karib chla aata hai
Ghadi to band pdi hai
Samay waqt btata hai

Aankho par lade kohre ko
Rudr ka tej htata hai
Visam Paristhitiyon me
Sthirta hi
Kade pani ke charitra ko darshata hai

Kuch shabdo ko
Mai andekha kar deta hu
Kuch mujhe nazarandaj kar dete hai
Mere ruthe shabd akrosh ke lagte hai
Hriday malin ko khaak kar dete hai

Kuch raston ko mai dhundhta hu
Kuch raste mujhe pukarte hai
Kuch ko mai sawarta hu
Kuch mujhe dularte hai

Gali chaurahe shabdon me
Har waqt
Swyam ko dhundhte firta hu
Kshitij par milte Gagan ko
Aaj hriday ke rah se chumta hu

10 VIJAYPATH SANGHARSH SE BHRA HAI

Ek raat me chamak uthna
Kae varshon ki tapasya hai
Niyati bhi uski hi kayal
Jo sab tyagne me n drra hai

Rajmahal ka prangan nhi
Jahan rajakumar krida kre
Sangharsh rannbhumi hai viro ki
Yhan lal vasundhara ke
Niyati se bhi n drre

Sanrakshan me pale kumar
Gyan jivan ki kya denge
Vir den hai sangharsh ke
Jo likhit na ho bhagya me
Karm or sahas se chhin lenge

Deh rakt ranjit liye
Hath dhwaj swet hai
Vir har kshan abhyas me lge
Kumar khelte akhet hai

Jo lakshya ko abhed kahe
Bhav kayarta ka usme hrra hai
Bhid sahastron ki bhi tut pde
Bhla yodha kab drra hai

Har ghadi prayatnashil
Yugo se lakshan viron ka thehra hai
Vijaypath sangharsh se bhra hai
Vijaypath sangharsh se bhra hai

11 HEY SAMUDRA

Agar hai kshmta
To duba le mujhe
Aye samandar
Main tujhse bhi gahra hu
Or hey atit tu itna na guman kar
Haa mera vartman thehra hua hai
Par mehnat chikh rha hai
Bhavishya bahot sunehra hai

Hai samarthya tujhme
To baha le chal
Or fek de kisi anjan kinare par
Hai bal
To samahit kar le khud me mujhko
Jakad le apni shaktishali bhujaon me
Mai jab ubarne ki kosish kru
Bdha dena apne dbao ko
Itna n ithla bal par apne
Mai rok dunga tere bahav ko

12 SHANI KA KHAULTA RAKT

Mujhe Chandra sa shital n smjho
Mai Shani ka khaulta rakt hu
Shakuni ka shadiyantra nhi
Aao yudh kro
Mai Bhim sa sashakt hu

Aalochna kro tum meri
Mai Arjun sa prasasth hu
Mai haar kahin par chhupa nhi
Bas Surya sa abhi ast hu

Karn sa yogya nhi main
Na Krishn sa achutya hu
Par gandharvon sa na charitra mera
Mai Prithvi ke moh se mukt hu

Bhay nhi Indr sa mujhko
Main Shiv ke khoj me leen hu

Na Ganga sa pavitra hu main
Nahi Rahu sa malin hu

Swapn dekhta hu nabh ke main
Or Sagar me vilin hu

Mitti se bna dikhta
Pashan se bhi shakht hu
Mujhe Chandra sa shital n smjho
Mai Shani ka khaulta rakt hu

13 HAAR MANTA NAHI

Haar ke kagar par
Haar manta nhi
Jeet ki hawas nhi
Or haar ka mujhe bhay nhi

Bhagya agar nirdharit nhi
To durbhagya bhi to tay nhi
Prayas mere hath me
Prayas krne me koi kshay nhi

N jaane
Fir kyun gherti hai ye nirasha mujhe
Kal ki asafaltayein
Aaj ki chinta ke vishay nhi
N unse paida hua
Samarthya par sansay koi

Kadam jiske ladkhdaye
Vo vyakti mai nhi
Dekhe hai maine saikdo
Par koi bhi Abhay nhi

Dekh bhid ko mai
Hath bandh baith jau
Hoga usse bda koi bhi pralay nhi
Kasht marg me n dekha
To banunga main nirbhay nhi
Niyati ka mujh par hath hai
Isme koi vismay nhi

Aaj me khud ko jhonk du
Soch kal ho ya nhi
Khud se hi bhag kar
Khud hi se yudh ladta kahi

Gya nhi main bhag kar
Abhi bhid se drra nhi
Chal rha hai par
Main kal me thehra kahin

Prayas kaise chhod du
Abhi main haara nhi
Jivit hu main mujhme
Jab tak swapna mera mra nhi

14 NIYATI PUTRA

Niyati ka Putra hai tu
Sangharsh tere rakt me
Paristhitiyon se kyun bhagta hai
Tujhe yudh ka paramarsh hai

Parvaton se girte nirjhar me
Kudd pad iss manjar me
Ubhrega to nikhar uthega
Dub gya tera sahas dikhega

Thithak marg me sochta kya
Sunn meri tu swapn par chal
Dosh dete baith hath na mal
Aaj to kuch kar pyare
Tbhi to kuch layega kal

Vichlit na ho chakrwat se
Tu ada de pair angad sa
Khda rha itihas bnega
Udd gya tera sahas dikhega

15 PITA KE KANDHE PAR

Atit se aahaat hu
Vartman thehra hua
Bhavishya ke talaash me
Jivan mera gehra hua

Bhut se nikal kar main
Bhavishya ko nihar lu
Aaj mere hath me
Kal ko main sawar lu

Kab tak pita ke kandho par
Baith mai ghamand kru
Umr hua ab kyun n thoda
Khudka bhar than lu
Atit ki yaadon me lipta
Kyun mai haar maan lu
Dbi huyi pratibha jo mujhme
Kyun n usko mai pehchan lu

Sochta hu
Kab tak papa kam krenge
Kah kar ghar ki jimmedariyan sambhal lu

Kyu atit me mai bhavishya ko bigad lu
Kyu n thoda kasht kar
Vartman ko sudhar lu

Mann hua kuch paane ka
Kyu mai mann mar lu
Majhdhar me fssa pda
Kyu n khuda ko pukar lu

Sarvagya hai ishwar yadi
To kyu jor se pukaru mai
Kya khuda behra hua

Bhavishya ke talaash me
Jivan mera gehra hua
Atit se aahaat hu
Vartman thehra hua

Or hey atit tu itna na guman kar
Haa mera vartman thehra hua hai
Par mehnat chikh rha hai
Bhavishya bahot sunehra hai

16 ANDHERE ME

Mujhe
Roshni dikh rhi hai
Bda andhere me hai
Mujhe andhere me
Shahar dikh rha hai
Bda anjaan sa hai
Mujhe
Anjan log dikh rhe hai
Bde nirale se hai
Mujhe logo ki
Baatein bdi nirali lag rhi hai
Lgta hai asar
Sham piye pyale ka hai

Bda tej chal rhe hai log
Lgta hai
Shahar me koi daud ho rhi hai

Kuch kamzoron ko ptak rhe hai
Kuch lacharo ko kuchal rhe hai
Dikh to insan se hi rhe hai
Magar insaniyat nhi dikh rhi hai

Sbhi vyast dikh rhe hai
Samay kaha hai apno ke liye
Bewajah bte pde hai log
Lgta hai ghar tutne ko hai
Rishtey sirf naam ke hai
Jivan sirf dikhave ka hai
Mitti ke putle me
Chitiyan aise lipti hai
Mano Sharir mave ka hai

17 NIYAMAWALI

Dhairya rakho aye vir tum
Na kro chikh pukar
Bhediyon ki lalkar par
Kbhi singh n de dahaad

Vakta nhi gunni bano
Karo parishram
Todo himalay pahad
Athak pryas kro
Or chdho ped tum taad

Dridh kro nischay ko apne
Suno niyati ki pukar
Sashakt kro mann ko apne
Na mano kshan me haar
Parishram vir ho aisa
Ki mustika kre
Vajra saman prahar
Saral rakho acharan apna
Na karo tamsi aahaar
Karo mann shant or
Uttam vichar

Aalas tyago tamas tyago
Tyago ghirna or vikar
Dhairya rakho aye vir tum
Na karo cheekh pukar

18 SAFAR ABHI ADHURA HAI

Baitha main safar likhne ko
Par Safar abhi adhura hai
Kuch dur chala aaya hu
Jaane abhi kitna jana hai
Manjil ka mujhe pta nhi
Par Safar bda suhana hai
Kuch paraye kuch apne
Kuch ko abhi maine pehchana hai
Kuch anjane the kuch dur ke
Jinhe maine apna mana hai

Sirtha ki chah hai par
Sthir nhi ho jana hai
Manjil ki mujhko chah nhi
Mujhe safar ko adbhut bnana hai
Jab chah ho jaye lakshya ki
To kathinaeya sirf bahana hai
Bahut hua dosharopan
Khudko prakarami bnana hai
Ghor andhera chhaya hua
Mujhe usme dipak jlana hai

Samuh se nishkashit hu
Mujhe sbha jeet dikhana hai
Chahe pran pakheru ho jaye
Antim katre tak ladne ka thana hai

19 RE MANN

Re mann bhag na tu khudse
Tujhe prem na hoga mujhse

Re mann dundh na kahin tu
Tujhe log na milenge tujh se

Dusro ka giroh kya jhanke
Teri khudki aangan sunni hai

Dusro ka chadar na le
Re murakh teri fatti kamariya unni hai

Re mann maan na tu sabki
Teri aatma khud hi gunni hai

Jo mile prabhu ki den smjh
Jo na mile tere liye jabun hi hai

Jivan ki iss bhag daud me
Tujhko tera sath mila

Re mann bigda nhi hai kuch abhi
Bs nazariya badal dekh sab sukoon hi hai

20 KYUN MAI SIMIT RAHUN

Mujhe pyas hai samudr ki
Mai talab se kyun santosh krun
Mujhe bhay hai sab jaisa banne se
Kyun mai smit rahun

Pankh mere udaan ke
Kyun sikud jaaun main jaan ke
Yogyata ko dba du apne
Ye to ishwar ka apman hai

Hast rekhaon me jab
Uncha Mangal ka sthan hai
Kundali ke panno me
Brihaspati prabal or mahan hai

Janta hu
Dbi huyi pratibha meri
Hathon me ret saman hai
Isliye
Sahas dhadhas bandh kar
Prayatna jab tak pran hai

21 MAI SHABD LIKHUN

Main shabd likhun bahar ke
Main shabd likhun swar ke
Mere shabdon me n aana
Main shabd likhun smhar ke

Shabdon ke sire(chasni) se
Kuch kathor likh du aaj
Ye jeet haar prem gaan bahut hua
Kuch aur likh du aaj

Shabdon ke sahare
Ek nya taur likh du aaj
Aaj mann hai kuch likhne ka
Kyun na ek nya daur likh du aaj

Mai shabd likhun alankar ke
Mai shabd likhun hazar se
Mere shabdo me n aana
Mai shabd likhun bazaar ke

Shabdon ke ras me bhinga
Virodh likh du aaj
Jivan ke chaturthansh me hi
Panchtva ka shodh likh du aaj
Mai shabd likhun sanskar ke
Mai shabd likhun abhar ke
Mere shabdon me n aana
Mai shabd likhun swar ke
Mai shabd likhun bazaar ke

22 MAI BARBADI PAR KHDA

Main barbadi par khda
Vo mujhse aas lagaye baithe hai
Mai tadpan me jee rha
Vo puchhte haal kaise hai
Sima parishram parakram ki
Par kiye main baitha hu
Vo hausa gira rhe
Or mai jhuka lu sir
Fir mai vir kaisa hu

Jhuk jana hi mar jana hai
Iss bhari bhid abadi me
Sina taan khde rho
Fir dekho anand barbadi me

Mahatvakankshaon se mujhe
Duri bnana hai
Jo meri barbadi ka aas lagaye baithe
Unhe kamyab ho dikhana hai

Mujhe kisiko galat nhi
N khudko sahi thehrana hai
Meri udandta me asabhyata nhi
Ye baat unhe samjhana hai

Asafaltayon ke ghere se nikal
Safalta ko pana hai
Mai durr kahi ka rahi hu
Mujhe durr kahi ko jana hai

23 VIR KA VIVRAN

Main kya vivran du uss vir ka
Jo viro me bhi pratapi hua
Var par var kae huye
Vo bhaybhit n kadapi hua

Niyati ko chunauti deta
Prayas ko prakashit kiya
Gurukul me plla nhi
Jivan k godd me
Thokar kha paripakva bna

Mai kya lekhan kru uss vir ka
Jisne jag jita n abhiman kiya
Dhan kamaya dhan baat diya
Khudko n dhnwan kiya
Jivan yudh me bita
Pal bhar n vishram kiya

Har roz har waqt har jagah
Keval uska triskar hua
Har baat har kathan me
Keval jiska bahiskar hua
Bin prashn kiye devo se
Use yah bhi swikar hua

24 ISS DAUD ME

Jivan ke iss daud me
Pichhadte jaa rha hu
Sapne kahi or ke the
Par lgta hai
Kahin or jaa rha hu

Aao suno mai tumhe
Duvidha jivan ki bta rha hu
Lakshya ke marg par
Pratibha ke bhid me
Mai adrishya hote jaa rha hu

Mujhme kami kahan
Mai yeh khoj nhi paa rha hu
Samaj se mai durr
Khud me leen hote jaa rha hu

Tut kar bikharta main
Khud se hi ladta main
Dekh dekh dusron ko
Khudko heen mai lga rha hu
Darr bhay or kayarta ke
Adheen hote jaa rha hu

Atit le kr baitha hu
Bhavishya ko pukaru main
Vartman ko sudharne ki
Kshmta khote jaa rha hu

Janta hu sb lekin
Anjan hote jaa rha hu

Aisa to pahle tha nhi
Main kuch badalte sa jaa rha hu
Swabhiman se bhra pda tha
Usko bhi jhuka rha hu
Shabdon k sahare ab mai
Bhavnayein vyakt nhi kar paa rha hu

Hu mai kuch or
Kuch or hi dikha rha hu

25 MAIN KI TALASH ME

Waqt se hatash mai
Khud se hi nirash hu

Pichlon se bhi piche main
Khudse hi ahaat hu

Parayon ka mai kya kahu
Main to apno me hi agyat hu
Ab n log mujhko chahte
N main kisi k sath hu

Sunya me duba pda
Mai sunya ko hu dhundhta
Sunya ke sangeet par
Mai sunya ho kar jhumta

Aaj fir mere khalipan ka Ehsaas
Kra rhi hai mujhko meri sunyata
Haar ke godd me main
Jeet ko tatolta
Dwar marg sb band pde
Mai khwabon ko mere tolta
Gyan mujhme hai nhi
Fir baju kyu main dhol sa

Main ki talash hai
Khudko hu dhundhta
Ab mujhme main bacha nhi
Rha nhi main mujh sa

26 TUM KAHAN HO

Main dub jalashay ke tal par hu
Tum kahan ho
Indralok ko jeet dikhane
Cheer amawas ke gagan ke paar
Ya asuron ke madhya
Singhasan jamane ko
Khat khta rhe ho
Adholok ka dwar

Main daman se bhi nikhar dmakta
Baith jalashay me
Nihar rha hu
Ghadhiyalon ka sansar
Tum kahan ho
Swarth se Samarth par
Uthte prashno ke asmanjas me
Ya chetna or vedna ke
Lahakte kashmakash me

Ya anal ke prwah me
Dhadhak dhadhak kar bah rhe ho
Ya mithya ke lok me
Rajnicharon ke saumyata ki gatha gah rhe ho

Kaho hey
Adham yug ke adheen
Tum kaha ho

27 YUDH HI UCHIT HAI

Ho utkanthit kyun hey vir tum
Kyun virakt ye cheet hai
Jay vijay ka moh ye kaisa
Jab sangharsh tumhara meet hai
Hai palaayan anuchit tumhara
Chikh rhi hai niyati aaj
Yudh hi uchit hai

Dharm ke dhage me ganth pde na
Adharn ka ant samip hai
Aas lagaye bujhe kitne
Jo jal rhe wahi kuldeep hai

Lav ka lay aaj bhagn na ho
Bujho jivan hi sandeep hai

Sambhalo yah pradeep tumhara
Andhad me bhi dole na
Veer sadev charchit rhe
Nij mukh parichay bole na

28 YASH PRAPTI ASTI NIYATI

Samuh se nishkashit hu main
Sbha jeet dikhaunga
Rho nischint hey param mere
Jo likha nhi niyati me mere
Hai sapath aaj shiv ki mujhko
Brambha se bhi cheen launga

Chintit na ho janak mere
Jo main bhedo sa marg par nhi chalta
Gunn ek nhi mujhme sbsa
Hai bhinta hi meri kaushalta
Hu nhi iss waqt bhale main
Par kr lunga prapt kushalta
Tod ske sahas mera
Hai kahan ayesi vifalta

Naap rha hu marg wah
Jo kantakon se bhra pda hai
Jee haar manne ko krta nhi
Swabhiman jo daw par lga hai

Dekh prakop niyati ke ghta ka
Vichlit na ho taat mere
Main vo pashan nhi
Jo dhara me dah rha hai
Yash prapti asti niyati
N jaane kyun hriday mera
Yahi baar baar kah rha hai

29 TRAS LIYE VICHARTE HO

Atiyugrta ke satya ko
Sunn tum siharte ho
Mithya hai abhipray tumhara
Tbhi to kapurshon ke madhya
Tras liye vicharte ho

Kis or ko prasthan kroge
Kis sathan par thahrte ho
Marg shastra jate yhan se
Kya tum bhi uss or hi jaoge
Jahan manushya
Pashu roop dhar charte ho

Vichlit nazar aate ho pathik
Tyag rhe ho dhyan apna
Kaise asmanjas me marte ho
Kshma Krna hey nar mujhe
Sadharan ho gye ho tum
Jo vifalta se darte ho

Mithya hai abhipray tumhara
Tbhi to kapurshon ke madhya
Tras liye vicharte ho

30 TUMSA VEER

Bhay nhi vyarth vyay nhi
Maun rho veer kshay nhi
Mann maro na
Rann haaro na
Tumsa veer koi hai nhi

Hai nischit
Samay par dhul me mil jana
Ladta rha jivan bhar jo
Jag ne usko hi hai veer mana
Kayar prafulit anandit rhe
Veeron ne ldne ka thana
Katta hai to kat jaane do
Prantu aaj na shish jhukana

Hai saugandh janni ki tumko
Pratham Rann ke pratham pahar me
Samay ke rath par vijay dhwaj lahrana

Duje pahar me ho aisa var
Dole singhasan kaanp uthe sansar
Antim Rann ke antim pahar me
Antim chran ka antim prahar
Tyag dena hey veer man me
Varshon se sanchit vikar

Paristhitiyon se vyakul ho kar
Veer bhagte hai nhi
Bin tape lav me jale

Bin sunar ka prahar sahe
Chamak uthe surya sman
Bhla aisa swarn bhi hai kahi
Ghabrao na veer zra bhi
Hai yhan koi ajay nhi
Rann se bhaybhit ho kr
Veer tyago apna dhyay nhi
Tathast rho abhyasat rho
Chhann bhagur hote sanjay nhi

Mann maro na rann haro na
Tumsa veer koi hai nhi

31 KYUN BHUT KA CHARAN GAHU

Kyun bhut ka charan gahu
Mai swyam bhavisya mahan hu
Sangharsh ke bundo se bna
Main shakti samudr saman hu

Sanchit ho kr gathit hua hu
Karo drishtta roko mujhko
Main nashon me rakt samaan hu
Vijay tilak sirsh pag thame
Main nange pairon ka swabhiman hu
Katte jihva ke lahu ko
Bund bund pi kar bdha hu
Patan ka bhay kya mujhko ab
Jab niyati ke aade khda hu

Kyun shish jhukaun samaksh inke
Ye pran liye laut gye the
Main ardh mrit ho kr
Bhi unn parvaton par chdha hu

Ek jhonke me ye udd gye the
Mai kae andhado se lda hu

Kar du kaise samarpan
Jab bhagya mujhe or mai niyati ko
Prast krne ke jidd par adda hu

32 NINDRA SE PAHLE SONA KYA

Tat chhod pade patwar liye
To path me chintit hona kya
Jo majhdhar gheere chakrwat me
To nindra se pahle sona kya
Jab prano par aan pdi
To aage pana kya piche khona kya
Pane ko to tat par samagr sansar pda hai
Majhdhar me piche soch rona kya
Kshan antim tak jge rho
Nindra se pahle sona kya

Aaj ka dipak jalao
Hriday me atit ka andhkaar dhona kya
Bin chandni ke ragni ko
Smriti me sanjyona kya

Pradeep jla ghar me dundho
Andhkaar bcha koi kona kya
Abhi ujiyane ko sansar pda hai
Jge rho kshan antim tak
Nindra se pahle sona kya

Jab dridhnischayi ho path ko nikle
To fir char kadam aage do piche
Krna kya
Vyatha yatra ki soch
Chalne se pahle darna kya

Jal rha hoga path aage
Jal rha hriday bhi hai
Kya jitne log tujhe huye hai ghere
Sab tere hitaishi hai

To fir lalima liye in mukh mandalon par
Ye lipti sapt rangi chadar kaisi hai

Raat ragni ke dhun me
Sur hai vilap ka
Satya ko jata jalta path
Tujhko hai pukarta
Suryoday hone se bhla
Ruka hai kb or kahan
Swyam se aage bdh kar
Uss path ko aaj tu kar de haa

Prakash ke iss path par
Andhkaar ka hona kya
Kshan antim tak jge rho
Nindra se pahle sona kya

33 DHARA KE PRATIKUL BAHO

Ktha aaj ki kaho
Agrsar bhavi ko raho
Bahna hi hai dhara me agr
To dhara ke pratikul baho

Siyaro sa na raag alapo
Kapat ka na kaud tapo
Dhairyavaan ade rho
Jo aan pde tum sab saho
Virat bno samrat bno
Parishram tum sukshm na ho
Smaran rhe pal pal tumko
Dhara me tum na baho

Aaj kaho kal kaho
Jo satya hai har pal kaho
Kathin bahut hai stya kahna
Tum kathinta ko aswasth raho

Himadri ki godd se
Jo dharayein aati karti kal kal
Prayasrat hai samahit kar lene ko
Swyam me tumko wah har pal

34 SIMIT NA MERA YASH HOGA

Simit mera sangharsh nhi hai
Simit n mera yash hoga
Kirno si kirtiyan bikhrengi
Swajal madhur veer ras hoga
Yugo se kalpit na jo
Waisa hi wah jas hoga
Simit mera sangharsh nhi hai
Simit n mera yash hoga

Simit mere pryatn nhi hai
Simit na mujhko yatn hoga
Yatnao se bhaybhit ho kr
Simit n mera swapan hoga

Dharti jo godd me palti
Anchal me koti veer bandhti
Wah bhi mano kah rhi hai
Ki putra tu mahan hoga
Bdi hai niyati agar
Bda hi to balidaan hoga

Simit n meri kamna
Simit n mera path hoga
Agar simit n niyati ki adchane
To smiti n mera hath hoga

Hai bhagya se dwandh ab
Har shbd vibharsh hoga
Simit mera sangharsh nhi hai
Simit n mera yash hoga

35 SUNO BRAMBHA

Matbhed hai mera
Uss brambhlekh se
Swyam se anek se
Jinki bhi hai yah dharna
Ki jivan mera nirdharit hoga
Kisi ek ke vilekh se
Mukt hua main bandhano se
Mukt dekh rekh se
Dwandh hai yah sangharsh ka
Dhairya se vivek se

Chhid chuka hai yudh
Anttah ab hoga saamna
Aswikar hai mujhe Brambha
Aapse sandhi ki har prastavana
Le jao apni prastavana
Yah jivan maran ki baat hai
Yahan vyapar nhi ho rha
Haste ho mere haal par
Kahte ho durachar nhi ho rha

Tum brambh ho
Parmeshwar ho
Chaho to kar skte ho
Mera khand khand me vidhwansh
Parantu jo n yogyata anusar bhagya hua
Vachan hai mera tumse hey aj
Chahe jitne khando me mujhe vibhajit kr do
Wah kan kan bhi tumhara virodh krega
Jisme ratti bhar bhi hoga mera ansh

Samarthya par jo mere shanka hai
Samarthya hai tumhara bhi kya
Nilkanth se tum puch lena
Agr lge mai juth tha

Hey vidhata
Mai bs yogyata se adhikar mangta hu
Mai tumse koi bhikh nhi chahta
Kaho na hey achutya
Kya main thik nhi chahata

36 YAH SANGHARSH NYA NHI HAI

Har roz fau fatte hi
Tum badlon sa aa ghero mujhe
Mai Surya sa chamak nikhrunga
Kab tak andhere me dbaoge mujhe
Main apne shbdon se
Tumhare andhkaar ko bhi prakashit kr dunga

Yah sangharsh nya nhi hai
N main sangharsh ke liye nya
Mai rkt hu prakash ka
Yah prkashmay sangharsh hai
Suna bda abhiman hai
Chhaya par tumhe apne
Guman mera bhi km n hai
Vishwas n ho shbdon par mere
To swayam sangharsh se hi puch lo
Sambandh mera uska yugon se hai

Tum lakh baras jao olo sa
Yah vishwas n mera kam hoga
Kutumb mita mera nyanjal me
Ab yah aankh na nm hoga

Bandh chuke ho tum bhi isme
Pariksha ab sirf meri nhi
Yah tumhara bhi aaklan hai
Kitna main yah sah skta hu
Kitna tum yah kr skte ho
Kitna main ubhar skta hu
Kitna tum mujhme drr bhar skte ho

Har sham kisi sarovar kinare
Kshitij ke pass
Parvaton par bandhak bna
Chattan se bandh dhakel do mujhe
Agle hi subah usi kshitij par
Tum uday dekhoge mera
Dhairya dhro abhi umr shesh hai
Vishwavijay dekhoge mera

Galat hai anuman tumhara
Iss prakriya me main tut bikhrunga
Har roz fau fatte hi
Tum badlon sa aa ghero mujhe
Mai Surya sa chamak nikhrunga

37 VEER BANO

Yah umr tumhara sone ka nhi
Utho nav randhir bano
Hai yah yug
Kayaron se bhra pda
Or lal mere tum vir bno

Nikal feko uss kaleje ko
Jo thar Kanp rha ho
Tyag do uss moh ko
Jo tumhare safalta ki
Sidhiyan naap rha ho

Yah safar hai nav
Khayi se uchhai ka
Pariksha hai yah
Tumhare kaurna ka tarunaai ka
Hai inteha
Tumhare dhairyasheel ldai ka
Mohak hai kae drishya safar me
Chale chalo or lal mere
Ginte ho kadam sadhe pawan dhae kya

Har pag ginna chhoro nav
Ye duri mapna chhor do
Nihit ho tum ek yug rachne ko
Pal me vilay hona chhod do

Utho nav ab bahut hua
Sabit kro tum iss yug ke sanjay ho
Tum hi dhananjay ho

Yah umr tumhara sone ka nhi
Utho nav randhir bano
Hai yah yug kayaron se bhra pda
O lal mere tum vir bno

Khud se hi nirash hu

Pichlon se bhi piche main
Khudse hi ahaat hu

Parayon ka mai kya kahu
Main to apno me hi agyat hu
Ab n log mujhko chahte

38 HAR SHAM VARAMDE ME

Har sham varamde me baith
Dubte suraj ke sath
Ghr ko lautte pankshiyon se bhare
Lalima liye akash ko dekhte huye
Khudko bda akela sa anubhav krta hu
Kahaniya bahut hai
Kuch panno par likhta hu
Kuch faad kr fek deta hu
Khudse
Kuch bhavisya ki baatein krta hu
Kuch atit ki charcha krta hu
Varshon se baitha yhan main
Yuhin akash dekhta rhta hu

Pita ki ungli thame
Maine ganv se Shahar dekha tha
Kuch varsh pahle talak main
Uss pita virudh tha

Glani se bhra hu
Mai agyani sa lgta hu

Mujhe tairna nhi aata
Hatasha ka bhar bdh chuka hai
Mai kuyein me gira chuka hu
Diwar ko pkd upr nhi chadh paa rha

Mai logo ko aksar galat marg par dikhta hu
Hasyaspad hai
Mujhe main kisi marg par nhi dikhta

Atit ke upharon ko liye ghumta hu
Jaha niyati thodi muskura rhi hai
Main waha hu

Kitna likhun ye kalam thakta kahan hai
Samay ka pta hi n chalta hai
Ye wqkt rukta kahan hai

Diye jalne lge
Ek or sham dhal gyi
Surya ke ujjale k sehar me
Dipakon ka andhera chha gya
Hasta khilkhilata abhi
Mujhme hi to tha main

Kaun ho tum
Ye godd me kalam liye
Btao mujhe
Dundho mujhe
Mujhme se main
Khudko akela chhod kahan gya

39 SADHNA ME LEEN

Ho vijay ki chinta kaisi
Kaisa asafalta ka dhyan
Uss sadhu ko
Jo sadhna me leen hai
Haar gye ab disha bdlo
Dhan se jag jeetlo
Ye vyapariyo ke lakshan hai
Jo haar jeet me lge pde
Kapat krke bhi chhin le

Sadhu sampurntah sadhna me leen hai
Vesh se ye raja dikhte
Soch se ye deen hai

40 MANWA TU APNI KAH

Re manwa baat tu apni kah
Lanchhan dusron par lgave kahe

Re manwa raah tu sidhi chal
Har bar tirchhi btave kahe
Re manwa galti apni bhi kah
Sirf dusron ki hi sunave kahe

Re manwa bavra jeet kar
Geet haar ki gaave kahe

41 JEET GYA TO

Jeet gya to ye jag tera
Jo hara murkh tu jag jahir
Kuch shbd chhupate chal base
Kuch shbd sunne me the mahir

Byar uttar ko chal rhi
Tujhe purv ko jana hai
Jo sailab jeet gya re tu
Ye jag tera diwana hai

Udand hai tu
Udandta teri jeet se
Sabhyata kahlayegi
Re hara jo mann khud se tu
Teri sabhyata mit jayegi

Imandaar hai tu
Iman teri
Kuch rupyon me kharidi jayegi

Ye bda ghinona jug hai pyare
Kuch mehnat kar bda ban
Vrna khde khde teri Jaan bik jayegi

42 FIR BHI PRAN NA JAAYE

Kala pde jakhm lge bda gehra hai
Khuda khuda chillaye mra
Lge khuda behra hai

Prem pran se lobh bhog ka
Doshi khuda ko thehraye

Re thug marnoprant
Tori aatma bhatak jaye
Khuda ko chillaye mra
Khuda mile thukraye

Taadi lae ped taad chdha
Gira dhdam dhaye
Chdha na abhar kiya
Girat dosh lgaye

Khaya diya khuda
Bhay din hazar
Akal pdi do din kya
Aaya khuda hi bech bazaar

Hasat guzre din
N pucha khuda ka samachar
Aaye khuda yaad tujhe
Pdat niyati ki maar

Khuda smjhaye kahat rhe
Lakshan apni smhaar
Khuda khuda chillaye
Bdle khuda hazar

Khoje murkh paathar me tu
Mile khuda thukraye
Khuda tere sath baithe
Kise gagan par se bulaye

Khtm dhong teri bhyi
Kahe itna sihraye
Re pakhandi dekh ghamand tor
Tute bisraye

43 SWAPN NAGR DEKH AA RHA HU

Swapn nagar dekh aa rha hu
Nagar swapno se bhra pda hai
N roti n kapde tan par
Swapn pane ko adda hua hai

Bhrast pita ke autar
Dhan uthaye laa rhe hai
Pahan coat abron ki
Tan chhupana aata nhi
Na chhudrbudhi chupa paa rhe hai

Dekh kambal me chhup
Kaise khudko bccha rhe hai
Bhag murkh tu ghar me chhup
Dekh garmi
Kaise surya dev drra rhe hai
Arre kaun hai ye manushya vichitra
Jo iss kadi dhup me khudko jla rhe hai

Jal chamdi kali pdi hai
Dekh rajaji chhup baithe hai drre huye
Kaun hai ye uchrung kahi ke
Iss tivr toofan me adde huye

Sare heere ratna moti
Fir milenge kisi me jde huye
Arre kaun hai yah dusahsi
Swapna ke naam par
Ukhadta murde gde huye

Rajaon ke swapn nagar
Bewajah hi hai bhre pde

44 KAHO NA ZRA AAJ TUM

Jhil si nigahon me
Toofan sa byar liye ghumte ho
Kaho na zra aaj tum
Kyun in aankhon me
Sailab liye ghumte ho

Fareb ke bazaar me
Iman liye ghumte ho
Kaho na zra aaj tum
Kyun bholi bhali aankhon me
Juth ka dukan liye ghumte ho

Dhongiyon k bich tum
Dhong dhare firte ho
Kaho na zra aaj tum
Kyun aakhon hi aakhon me
Yun pakhand kiye firte ho

45 DHEERAJ RAKHO BHEEM

Dheeraj rakho Bheem
Dheeraj rakho
Raat kaali kt rhi hai
Surya ko dhake badlon me
Fau thodi fatt rhi hai
Samay bda mahan
Abhi baki jag janne ko
Aseem tumhari pehchan hai
Dheeraj rakho Bheem
Dheeraj rakho

Hai jitne ko jag sara
Pahle swyam ko pehchan lo
Naveenta ka prayay ho tum
Fir soch se kyun sarvnam ho
Niyati hai sahas se bdlo
Shastr gajo sa bal liye
Abhi simit tumhara gyan hai
Dheeraj rakho Bheem
Dheeraj rakho

Chamakta Surya bhi aayega
Bs kuch kshan ka andhkaar hai
Tumhare tej se chhat jayega
Amawas ka ye ghna andhera
Tum sahas se nikal do

Aseem ho tum
Chandani miti nhi
Bs yah grahan ki raat hai
Kal fir savera aayega
Fir hoga sankhnad

46 SAB KIS KAM KE

Ye kajra gajra geet malhar
Ye chhal kapat jeet har
Sab kis kam ke

Varkshi kataar hath dhal
Bin vairag ka ye sur taal
Sb kis kam ke

Akhand vikhand
Swyam tridand
Jis krit se na ho
Ur ko harsh umang
Sb kis kam ke

Ho yadi na manushya swapi
Prasiddhi samridhi
Virat pratapi
Atulya samman
Ved Granth
Prachand gyan
Sab kis kam ke

Karuna kshma
Praveen rma
Baithe sakh jma
Jo ho bhavnaheen
Rhe manushya sirf naam ke
Bin bodh prem ka
Ye sb kis kam ke

47 CHIR KAL SANGHARSH CHLA HAI

Sangharsh abhay
Sangharsh ajay hai
Jivan manch
Sangharsh abhinay hai
Hath kalam
Sangharsh kla hai
Chir kal sangharsh chla hai
Nirbadh ho jane ko
Ho sangharsh agr vifal bhi to
Gahan chhap chhod jayega
Sangharsh se na bhag re murkh
Veer na palayan krte
Surma kayarta ka na gayan krte
Pal sanchit
Marg rachit
Kripan hath
Muraitha bandhe sar
Niklo veer jag jeetan ko
Kate sar sahsa pde dharatal
Hey veer
Aaj pag n giran do

48 MAIN GEET HU ANDHERE KA

Mai kavita likhun
Ya kavita mujhe
Mai geet hu andhere ka
N sur taal ki khbr hai
N pta lay ke dere ka

Andhere me baitha mai
Pratiksha me hu savere ka
Surya ast ho chale
Hai nhi diya ghr me
Prakash kaha se laun
Jakhmi yahan bhre pde hai
Ghav kise dikhaun
Karahne ki pukar chhodo
Ahlad ki hassi bhi kise sunau

Mai bhay likhu ya bhay mujhe
Mai vriksh hu andhere ka
Mohni parvaton me
Mai khauf ka manjar hu

Ratri raah akele
Gaman kartaon ke liye
Bhay ka ghar hu
Chetna ke pre
Main bhavya kalpit drr hu
Alhad ke hathon me
Mai rakt ranjit khanjar hu

Bin prakash
Vrikshon se bhra
Gantavya tumhare ko jaane wala

Main wahi patli dagar hu
Bhid se bhra hua
Mai ekant ka shahar hu

Andhere me chalte chalte
Main premi hua andhere ka
Yun hi andhere me baitha hu
Pratiksha me savere ka

49 KALYUG KA BHUGTAN

Charan komal pakhar ke
Prabhu baithe roop swar ke
Nirmal mann Prabhu
Niyare hi rakhte
Mudh khojat prabhu pashaan me
Achal nadish dhundhte
Rath hriday Prabhu virajman hai

Bhavya roop
Tej lalat Kamal Nayan
Prabhu mukh sadev muskan hai

Manav nij suvigya jo smjhe
Bhav sarwadhik agyaan hai
Hriday malin liye prabhu gahe
Malin ur dhong dharm ka
Mor mann murkh sadev hi kahe
Yeh prabhu ka apman hai

Bhakti prabhu ke kisi roop ki
Dharm manavta ka hi mahan hai
Janm dusre ki pratiksha nhi
Kalyug ke karmo ka
Kalyug me hi bhugtan hai

50 FIR KAISE YEH NETRA MERA

Khula hua har disha se
Main band pda dwar hu
Tat ko chhu kar behta hua
Main chakrwati jwar hu
Saikdo se lad pdu
Main to khud me bhid hazar hu
Mujhe lalsa nhi sirf Jeet ki
Main samagr haar jaane ko bhi tyar hu
Jivan ke majhdhar me
Dagmagaati nauka par swar hu
Tarango me uljh palti nauka
Tairne ko lachar hu
Ubhrunga ya dub marunga
Ye to bhavi itihas batayega
Hlahal bhi mujhe maar n paya
Arnav kya mujhe mitayega

Parantu karm bodh hai kah rha
Antim swas tak hath pair maar lu
Bin chhatptaye jo deh tyag diya
Hriday me bhav glani ka reh jayega

Katar ka upnam liye
Kaise fir ye netra mera
Mujhse nain mila payega

51 TRISHA SE

Tha safar wah bhi kya adbhut
Jo kuch kshan pahle beet gya
Darp se bhra tha main
Darpan ka mol sikh gya

Haath mrisha ka thame ghurta tha
Main dhur ke mol bik gya
Taap liye mai ghumta tha
Santapi jag dikh gya

Kya daan tha vo bhi
Jo kuch kshan pahle ho gya
Mujhsa tha main
Jo durr kahin ko gya

Moh bhog ka tuta to
Sambandh prem Trisha se tut gya
Jo lga sneh tyag se
Dhyay muh mod ruth gya

Tha wah prem hi arsi ka
Jo kuch roz usse mila to
Mujhe me se main kho gya

Pukarta tha har kshan jo mujhko
Kya wah antarnad chir kal ko so gya

52 HEY PUTRA PRAKASH KE

Hey putr prakash ke
Chahe gire sholey akash se
Brsane do baan jivan ko
Seena chir nikal jane do
Tum maran shaiya par bhi n jhukna
Dhyan kendrit
Nyan baaj se
Fal lakshya kal ka
Mahti pryatn aaj ke

Hath dhanush Katar dhal
Talwar dhanush shaastr liye
Tyag mahan veeton ka saaj
Chinta kal ki uchit hai
Parantu kal rachit krta hai aaj

Kro na charcha vyarth ki
Charcha na yodha ka kaaj
Dhyan rhe niskashan samuh ka
Sbha tumhara gayan karega
Smaj bdlega awaz
Dhairyarath pryatnshil rho aaj

Suno lal prbha ke
Hai kitne tumhari abha ke
Bhago na bhid dekh
Hai Vishwa me kapursh anek

53 N THA MAIN LEKHAK KAL

N tha main lekhak kal
Nahi main aaj hu
Ant ki baatein krta hua
Main nav yug ka agaz hu

Varn bna hriday tumhare me
Main wahi alfaaz hu
Mastishk tumhara
Jo chirta
Main wahi awaz hu

Niyamawali ko lalkarta
Main wahi apwaad hu
Mera sima nhi hai kavya sangharsh
Main kavya vivad hu

Navyug ko gadhta hua
Main sangram ka sanvaad hu
Sankho ke pukar ke pare
Main swayam hi sankhnaad hu

N tha mai lekhak kal
Nahi main aaj hu
Atit tumhare me chikhata
Mai bhavisya ka awaaz hu

54 SHABDON ME SANGHARSH

Shabdon me sangharsh nhi
Drshaya jaa skta hai
Aap beeti baatein
Kathputlion ko nhi
Bataya jaa skta hai

Gar yadi sangharsh dikhana
Shabdon ka kam hota
Hai shangharshit yugo se jo
Wah muh dab n sota
Yun aneko rahasya dbaye
Prakash se wah dur ko jaaye
Muskurata n ghumta
Andhiyaare ki baat sunn
Hriday n uska jhumta

Lolup in andhon ko
Sangharsh nhi smjhaya jaa skta hai
Kakshayon me path jivan ka nhi
Sikhaya jaa sakta hai
Sangharsh ke tej ko nhi
Chhupaya jaa skta hai

Saral nhi sangharsh se par pana
Vinash ke godd me baith
Chiranjeevi ho jana

Shabdon me sangharsh nhi
Smjhaya jaa skta hai
Sangharsh ke uphaar ko
Shabdon me nhi ataya jaa skta hai

55 MAIN NYAN NIGAL JAUNGA

N tum netra milao mujhse
Main nayan nigal jaunga
Jo bssa main drig tumhare me
To hriday ki chubhne lg jaunga

N katha suno tum meri
Main tumhare hriday ki
Vyatha pratit hounga
Jo fir bhi main amanya tumhe
To nihit sb tumse hi
Par sanchit bhi kya jo khounha

N shbd pdho tum mere
Mai shbdon se moh lunga
Indrajal hai bol mere
Shbdon ki maya rach main
Katu shbdon me chhoh kahunga

Aadi nhi pratit hote tum
Shbd satya sunne ke
Khil uthta hai antah tumhara
Mere yatharth ko nakarne se
Mujhe chhudr lagte hai
Rupwan pratishthit bhi
Unke bol vicharne se

N tum netra milao mujhse
Main nayan nigal jaunga
Jo shabd mere tumme
To hriday ko chubhne lg jaunga

मुक्तकंठ से: अँधेरे पर प्रकाश

गिद्ध- कौवे का शीत युद्ध

हाड़-मांस एक में लिपटा है,
और कौवे उसमें से भी नोच खा रहे हैं।

शरीर चलने की अवस्था में नहीं,
मस्तिष्क में रक्त का संचार रुक चुका है।

परंतु फिर भी कम नहीं है,
ये पतली चमड़ी, सूखे हाड़ वाला,
जो कुछ दिमागखऊकों से प्रभावित हो कर,
दिन पर दिन नरभक्षी बनते जा रहा है।

भाग खड़ा हो पीपल का भूत,
जिसके मात्र डाल पर आ बैठने से,
वैसा ये पक्षी बनते जा रहा है।

कुछ को ये नोचता है ,
कुछ दूसरों को नाचते हैं,
और इन सब पर,
घात लगाये बैठा है कौवा,
जो इन सबको नोचता है।

नहीं, कौवा भी स्वतंत्र नहीं है,
उसपर नज़र टिकाए बैठा है गिद्ध,
जो स्वयं को इनका स्वामी समझता है।

जो कभी इच्छा-अनुसार नोचने का आदेश देता है,
तो कभी नोचे हुए मांश का कर वसूलता है,
क्युकी जमीन पर उसका आवा-गमन कम है।
अकसर वो अपने आकाश में लगे सिंहासन पर झूलता है।

फिलहाल जमीनी कारोबार कौवे ही सम्हालते हैं,
गिद्ध महाराज सिर्फ आकाश में सिंहासन पर झूलते हुए,
सभी पर बस निगाहें डालते हैं।
क्युकी अपने धाक पर,
अपने अन्य गिद्ध मित्रों और
उनके परिवार जनो को भी पालते हैं।
इस प्रकार वे गिद्ध समुदाय के,
जन (गिद्ध) कल्याण का कम करते हैं।

परंतु शायद गिद्ध को यह आभास नहीं,
की ये कौवे विश्वास के पात्र नहीं हैं।
यह ताक में बैठे हैं,
जो अवसर मिलते ही,
गिद्ध की संपूर्ण प्रजाति को ही विलुप्त कर देंगे।

खैर इस गिद्ध-कौवे के शीत युद्ध में जो भी हो,
चाहे कौवे एक दिन गिद्धों को विलुप्त कर दें,
या फिर चाहें गिद्ध इन कौवों पर अपना धाक जमाये रखे,
परंतु दिमागखऊकों से प्रभावित,
इस पतली चमड़ी, सूखे हाड़ वाले नरभक्षी का,
नोचा जाते रहना निश्चित है।

अंधेर के आकाश में

अंधेर के आकाश में,
पिघलते मोम के प्रकाश में,
देख देश लूट रहा है,
उद्योग के विकाश में।

कट रहे है,
छट रहे है,
जात पात में बट रहे है,
आधी रोटी फेंकी राजा ने,
रंक उसमें ही सिमट रहे है।
ज्ञान का हनन हो रहा,
मति मारी जा रही,
शाम को बेटी निकली,
रात घर नहीं लौट पा रही।

अज्ञान और अभद्रता से
धन की चादर ओढ़ के,
प्रमुख बने ये लोग देख,
सिष्कियों में ठहाके लगा रहे है।

अपनी निर्लजिता छिपाने को,
देश का हाल ये बता रहे है।
अरबों की जनसंख्या को,

चार लोग पढ़ा रहे है।
हो अगर विरोध तो,
ये विद्रोह कहवा रहे है।
उभरते हुए सच को,

जड़ काट जमीन में दबा रहे है।

संस्कृति बेच आ गए,
अब देश बेच खा रहे हैं।
आज का पता नहीं,
कल के सपने दिखा रहे है।

दो दिन का देशप्रेम,
फिर साल भर अवकाश है।

क्या कहेंगे राजाजी यही तो विकाश है।
अंधेर के आकाश में,
पिघलते मोम के प्रकाश में,
देख चोर बैठा है,
राजा के लिबास में।

झूला झूलता सत्य का प्रेत

काला कोट,
झूठ सफेद,
साफ दिखता खाकी में भेद।

हृदय काला रंग श्वेत,
झूला झूलता सत्य का प्रेत।

पट्टी काली आँख पर,
धन मुठी में फिर क्या डर।
हाथ तराजू लोहे का,
हर शब्द सत्य इस दोहे का।

उचित अनुचित,
बात अनमोल,
न्याय बिक रहा माटी के मोल।

हर सत्य में असत्य छुपा,
हर सीधी दिखती राह गोल।
पर्दे तले चल राख तोल,
रे मुर्ख अधर्म का जय बोल

प्रमाण नहीं बातों का,
कथा सुना दी जाएगी।
तु पर्दे तले राख तोल,
सत्य की हर साख मिटा दी जाएगी।

खाकी, कोट या दलाल मोट,
साफ दिखे हर चीज़ में खोट।
काजू किस्मिस दांत से,
सिल पर अखरोट।

जाँच पड़ताल,
लाख सवाल,
सब में हो जाएगा झोल,
झूठ का बाजा,
झूठे का ढोल,
चल थोड़ा पर्दे तले राख तोल।

जी हुज़ूरी मुझे ना गवारा

अशरफियों का कालीन तुम्हारा,
प्रधान ये बुद्धि हिन तुम्हारा
पद कलंकित कर जिसने,
हर रोज़ खुदको है सँवारा
कुछ मंद बुद्धि के फैसलों से,
हुआ समग्र साम्राज्य बिचारा।
सहन शक्ति अब नष्ट हुई,
फुट उठा विरोध का फवारा,
अब चाहे प्राण भी मेरे हर लो तुम,
करूँ जी हुज़ूरी मुझे ना गवारा।

धन्यवाद प्रधान तुम्हारे को,
सभी यातनाओं ने मुझे सँवारा
उठ चुका हूँ पात से तुम्हारे,
ग्रहण न होगा अब एक अन्न दुबारा।

चिंता मेरी त्यागो तुम,
ढूंढो अब अपना सहारा,
प्रतिष्ठा तुम्हारी अब है भी क्या?
अवसेस पड़े है उसके बस,
जो बिक गयी,
चाप्लुसो के द्वारा
लोभी -भोगी स्वयं का प्राण प्यारा,
प्रधान ये बुद्धि हीन तुम्हारा।

यही तो लोकतंत्र है

दमन कहीं भी दिखता,
आवाज़ को बुलंद करो,
यही तो लोकतंत्र है,
इन मुठी भर गिदडो से,
तुम जरा भी ना डरो।

गलत को अंकित करो,
अधिकार मांगो खुल के,
प्रश्न है तुम्हें पूछना,
मौन ना धारण करो,
कर्तव्य अपना भूल के।

जो शीश बिक चुके है,
उन्हें चीखने दो जोर से,
बस तुम भर दो एक हुंकार की,
यह शोर सारा मिट जाए।

जला दो लोकमत का नया दीप की,
अंधकार सारा मिट जाए।
सुन लो यह ललकार की,
पारित करो वह जनादेश,
जिसमें एकता अखंडता,
का रूप प्रिय दिख जाए।

दिख जाए दमन कहीं,
आवाज़ को बुलंद करो,
यही तो लोकतंत्र है,
तुम बोलने से न डरो।

हो खड़ा और चिल्लाओ जोर से

जब तक नहीं छाती में धधकती ज्वाला,
एकाधिकार उठा फेंकने को,
तब तक ये मजबूर रहेंगे,
अपने ही लहू के दिये पर हाथ सेंकने को।

उदारता मान बैठें हैं जो,
कभी कभार उनकी जूठी रोटियाँ फेंकने को,
हनन होता रहेगा इनके अधिकारों का,
और यह मजबूर रहेंगे,
चुप खड़ा हो अपने समक्ष यह सब होते देखने को।
है समय अभी भी,
सब कुछ अपना भाग्य न समझो,
वर्षों से धारण की हुई यह चुपी तोड़ो,
हो खड़ा और चिल्लाओ जोर से,
"घर भेदीयों हमें आपस में बाटना छोड़ो"।

गीत एक ही सुना रहे हैं

एक राजा,
दो उत्तराधिकारी,
कुछ सैनिक और कुछ प्रांत पाल
और उनके लाल-भाल साथ ही कुछ साहब्जादे,
जो सब मिल कर के बीन बजा रहे है,
एक ही धुन पर असंख्य कोटि मस्तकों को थिरका रहे हैं।
हैं सारे के सारे ये कपटी,
जो खुदको प्रियतम बता रहे हैं।
भले राग बदल गाते हों,
पर गीत एक ही सुना रहे हैं।
कम नहीं हैं दीमक से ये भी,
जो धीरे अंदर ही अंदर खाये जा रहे हैं।

हड्डियों से जलते अलाव में

जो लोग समाज को भटका रहे हैं।
वही कुछ लोग जो समाज की सोच को अटका रहे हैं।
हाँ वही लोग
जो समाज से उठती आवाज़ों को
हर रोज़ पैरों तले दबा रहे।

हाँ है ये वही लोग
जो समाज से हर छण समाज को लड़ा रहे है।
कितने शान से बैठें है,
कितने आराम से खा रहे है।

स्वास्थ, विकाश, शिक्षा के नाम पर
दाँत निपोरे जा रहे हैं।
अपने सियशत की खिचड़ी
धर्म जात भेद भाव के आंच पर पका रहे हैं।

सैक्डो कोटि आँखो पर जो,
वादों और सपनो का जाल फेकते है,
जो एक दूसरे पर कीचड़ उछाल फेकते है।
है ये वही लोग जो सर्दी की रातों में,
मजदूरों की हड्डियों से जलते अलाव में,
नोटों की गड्डियाँ जला कर के गाल सेकतें हैं।

कोई चूँ मात्र सत्य बोल दे,
तो सीधे देश से निकाल फेकते हैं।

कैसे हैं ये निर्लज,
किसी की खून की कमाई जो छिन खाते हैं,
फिर उसके ही आँखों में आँखें डाल झूठ बोलते हैं।

ये कैसे गिध्ध है जो मुर्दों की जेब टटोलते हैं।
महीने भर द्वार द्वार घूमते हैं,
फिर अगले पाँच साल नहीं अपना द्वार खोलते है।

भारत का हूँ, भारत मेरा, मैं भारतीय हूँ

धर्म,वर्ण, मेरा जात न पूछो,
इतनी छोटी बात न पूछो।
भारत का हूँ,
भारत मेरा,
मैं भारतीय हूँ।

अब क्या इससे भी अधिक पहचान देना होगा,
क्या पेट पालने के लिए अपना स्वाभिमान देना होगा।
अब यह भी बताना होगा की,
एक जोड़ी पहनता हूँ,
एक पीठ पर ढोता हूँ,
एक वक्त ही खा पाता हूँ,
एक वक्त पेट दाब के सोता हूँ।

क्या हर एक बात बताना होगा?
अच्छा, अपना हक पाने के लिये जात बताना होगा।

क्या अब भारतीय होने के लिए धर्म बताना होगा?
मुझे अपनी जननी से कितना प्रेम है,
इसका सबको लिखित प्रमाण दिखाना होगा,
सिर्फ इसलिए क्युकी मेरे पिता
मेरे शहर की गलियाँ साफ रखते हैं,
क्या मुझे अपने दोस्तों से उनका काम छुपाना होगा?
क्या मुझे अपने पिता का नाम छुपाना होगा?

अच्छा छोड़ो ,अब यह बताओ,
क्या वे सच में हमारा सब कुछ नियंत्रित करेंगे?
खाना पीना, उठना बैठना,
पहनना ओढ़ना, आना जाना,
रोना धोना, चलना फिरना, जीना मरना,
हँसना बोलना तक नियंत्रित करेंगे वे?

और तो और
क्या वे लोगों की पसंद तक को नियंत्रित करेंगे?
क्या सच में वे ऐसा करेंगे?

मेरे कुछ साथी हैं
जो ये अलुल् जलुल बे फिसुल् की बातें करते रहते हैं।
मुझे तो कुछ समझ ही नहीं आता,
कुछ भी बड़बड़ाते रहते हैं वे लोग।

मुझे समझ नहीं आता तो,
लगता है शायद सच में यह बातें
अलुल् जलुल बे फिसुल् ही हैं।

धर्म के ठंड में

कुछ कदम ताल,
कुछ भेड़ चाल,
बन कर मताल,
जो चल रहे है टेढ़ चाल,
कह दो उन्हें,
हमें साफ समझ आता है,
उनका यह डेढ़ चाल।

धर्म के ठंड में,
जहाँ लोग ओढ़ाये जा रहे है,
हिंसा का शाल।
जहाँ हर दिन होता गणतंत्र बेहाल,
फिर भी न लोग करते बवाल,
वह सपूत साहसी है कहाँ?
जो पूछे सत्ता से सवाल।

इस अंधकार में चल सके जो,
अकेले हाथ में थामे मशाल।
जो पूछ सके प्रश्न ऐसे,
जिसे सुनते ही लोग कहे,
"अरे इसकी यह मजाल"!

जिसके शब्द मात्र से ही,
आ जाए सत्ता के सहर में भूचाल।

लोकतंत्र में विकल्प बहुत है,
हटो राजा की जनता लेगी सिंहासन संभाल।
स्वयं जल कर भी,
जिसने यह क्रांति लाई,
स्वर्णिम अक्षरों में देगा,
इतिहास उसकी मिशाल।

यह राजनीतिक रंग,
यह भेद रंग,
जो लाया रंगने को श्वेत रंग,
हर रोज़ बदलता सत्ता का ढंग,
जब समझ आने लगे हर एक व्यंग।

यह व्यंग ही तो क्रांति का उमंग भरेगा,
इन रंग के खेलों में,
जब हृदय पर श्वेत रंग चढ़ेगा,
तब जा कर यह राष्ट्र हमारा,
हमारे पूर्खों के कल्पना का देश बनेगा।

कौन है क्षितिज पर आतुर

मिट रहे है लोग,
कुछ लगे है मिटाने को।
कौन है क्षितिज पर आतुर वह खडा अकेला,
शनै शनै जो बढ़ रहा जग जीत लाने को।

चुप बैठें है कई लोग,
कुछ खड़े है चुप कराने को।
कौन है वह साहसी अकेला,
चिखता आवाज उठाने को।
गूंजती एक सुर अकेली,
लगे है लोग दबाने को।
पढ़ रहे है अरबों,
मुठी भर खड़े पढ़ाने को।
कुछ शीशे है अरबों में,
कुछ को आईना दिखाने को।
झुंड है कोई पराया अपना जताने को,
भीड़ है कहीं अपना-पराया बताने को।

बाटते कुछ लोग,
उत्सुक कई बट जाने को।
कौन है क्षितिज पर आतुर,
वह खडा अकेला घृणा मिटाने को,
शनै शनै जो बढ़ रहा जग जीत लाने को।

तुम्हें नोच खायेंगे

बिके मस्तकों का शोर मत सुनो,
यह तुम्हें बेच खायेंगे।
सत्य की तलाश है तो,
इनकी सुनते हो क्यों?
इन्हें पता कहाँ है सत्य,
जो यह तुम्हें बतायेंगे।

शोर के सैलाब में,
आँख खोल कर चलो,
की तुम्हें नोच खायेंगे,
बैठे है गिध्ध भीड़ में जो।

शोर को मत सुनो की,
शूर बन न पाओगे।
जो शोर तुम भी हो गए तो,
भीड़ में, भीड़ सा, भीड़ ही,
बन कर रह जाओगे।

सिद्धांत है यह भीड़ का,
लहू दूसरे का पियोगे,
मांस खुदका खाओगे,
खुदकी चमडी का ढोल होगा,
गीत उसका गाओगे।

शोर को मत ढूंढो,
शोर निर्दयी बहुत,
तुम देख न पाओगे।
देखने की तो छोड़ो,
शोर चीखता बहुत,
उसके आवाज़ का दुर्गंध,
तुम सह न पाओगे।

शोर है ही जादुई,
तुम भरम जाओगे।

वह जो शोर सांप्रदायिक,
मैं उस शोर को नकारता हूँ।
वह जो शोर संवेदन हीन,
मैं उस शोर को फटकारता हूँ।

यदि शोर ही उपाय है,
तो मचा दो शोर क्रांति का।
वह शूर ही पूज्य होगा,
जो शोर करेगा शांति का।

बिके मस्तकों का शोर मत सुनो,
यह तुम्हें बेच खायेंगे।
की शोर के सैलाब में,
आँख खोल कर चलो,
बैठे है गिध्ध भीड़ में जो,
तुम्हें नोच खायेंगे।

ये मुर्ख समझते ही नहीं

ऐसी लीला करते हैं महाराज मेरे,
जो स्वयं श्री कृष्ण भी न रच सके।

इतने प्रेम से गला रेत ते है,
क्या मजाल भला किसी की,
जो उनके तिलस्म से बच सके।

सिर उठा, सीना फुला
मतवाली चाल चलते हैं।
ये लल्लू पंजु लोग
बेवजह उनसे जलते है।
पैरों तले दुर्बा के साथ
असंख्य लोगों के स्वप्न भी कुचलते है।
सनकी हाथी भी काँप उठते है।
जब महाराज मेरे टेढ़ी चाल चलते हैं।
मुंह बाय प्रजा के,
न जाने कितने सुबह,कितने शाम ढलते है,
ये मुर्ख समझते ही नहीं,
इनके निवारण हेतु ही तो महाराज,
अपनी गद्दी छोड़ माह माह तक,
विदेशों में टहलते है।

धर्म के आड़ में

कुछ धन्य हैं,
कुछ धान्य हैं,
मुझे कुछ नीतियाँ अमान्य हैं।
कुछ मेरे देश का,
कुछ मेरे देश के समुदायों का,
जिनका हृदय न वेदित् होता है,
देख कष्ट असहायों का।

कुछ प्रश्न पूछना चाहता हूँ,
अक्सर मैं खड़े कान से,
समाज को आहता हूँ।
मैं बस इतना ही जानना चाहता हूँ की,
क्या राम, कृष्ण, हनुमान लला ने,
या फिर ईसा मसीह या अल्लाह ने,
क्या किसी संप्रदाय पर लांछन लगाया?
या किसी समुदाय का अस्तित्व मिटाया?

मैं जहाँ तक जानता हूँ,
न तो गुरु नानक देव जी ने घृणा सिखाया,
नाहीं भगवान बुद्ध या स्वामी महावीर ने,
हिंसा का मार्ग बताया।

है समझ जहाँ तक मेरी,
न तो मुहम्मद साहब ने शिया सुनी बाटा,
ना कभी प्रभु ने गोत्र वर्ण जात में छाँटा।

तो ये कुछ लोग,
जो हमारे अंदर घृणा की आग लगा कर,
उसके लव पर अपना खाना बना रहे हैं।

बड़े अकड़ से जो खुदको,
धर्म के रक्षक बता रहे हैं।

पूछो उनसे जरा,
क्या वे समझते हैं अर्थ,
उस कुरान, उस गीता का,
दंगाई बन गए बेटे जिनके,
क्या समझते हैं ये दर्द उस पिता का?

क्या समझा कभी मोल इन्होंने,
जलती हुई एक चिता का?
पूछो कभी इन अईठनबाज़ों से,
क्या समझते हैं अर्थ ये ,उस कुरान, उस गीता का।

नहीं लगता मुझे की,
कहीं भी लिखा है,
पकड़ किसी का धर्म बदल दो,
दुसरें समुदायों को,
पैरों तले दुर्बा सा दल दो,
किसी एक कमजोर को,
जितना हो सके उतना कुचल दो।

छनिक लाभ और मिथ्या अभिमान के लिए,
जो यह दरार फैलाया जा रहा है,
जिस तरह की मानसिकता को बढ़ाया जा रहा है,
बड़े शर्म की बात है यह की,
धर्म के आड़ में,
मानवता को मिटाया जा रहा है।

इन सड़ते दिमागों से

जहाँ कल, छल, दुर्बुद्धि प्रबल,
भला वहाँ कैसे न हो लीचड़ता सफल।
देखो गौर से कितना अधिक अयस्क,
इस साँचे में ढल रहा है।
कैसे पसीज रहा है विचार,
और दिमाग़ गल रहा है।
इन सड़ते दिमागों से जो आता दुर्गंध है,
अब लोगों को समान्य लगने लगा है।
यूँ ही नहीं संपदा के समक्ष साक्षरता
इन्हे अमान्य लगने लगा है।

तो अब जब शिक्षा अमान्य है,
तो भला विचार कैसे शुद्ध होगा।
न जाने कैसे,ये विश्व गुरु प्रबुद्ध होगा।

पाप कृत

अगर हुआ यह रण तो बड़ा भारी होगा,
सिर्फ युद्ध नहीं होगा यह एक महामारी होगा।

और जो दूर खड़े दात चिहारे देख रहे हैं,
डींगें हांक रहे हैं और लंबी लंबी फेंक रहे हैं।
क्षति सबसे अधिक उन्हें ही होगा,
जो कन्नी काट रहे हैं और बोलने से डरते हैं।

भूल रहे हैं यह इतिहास गवाह है,
चुपी साधने वाले अक्सर अधिक हर्जाना भरते हैं।

अगर हुआ यह रण तो बड़ा भारी होगा,
मातम होगा हर कोने में, बेबसी और लाचारी होगा।
जो लड़ेंगे,कटेंगे वे तो मरेंगे ही,

पर जो बचेंगे वे भी अर्ध मृत होंगे।
इस छण चुपी और गुमसूदगी
सभी पक्षों के पाप कृत होंगे।

सब का नाम दर्ज होगा

एक सनकी
जो अपने मिथ्या अभिमान को लिए,
मानवता पर वार कर रहा है।
चार गज जमीन के लिए
जो नरसंहार कर रहा है।
वह तो धूर्त है ही,
और उससे भी बड़ा धूर्त है
वह जो,
उस मनबढ़ू के मनमानी को
धूर्तता कहने से डर रहा है।

मुंह छुपा न सकेंगे ये सब,
क्युकी कोई है
जो एक एक अक्षर किताबों में भर रहा है।
और कल जब वे किताब पढ़े जाएंगे,
तो सभी धूर्तों के चेहरे साफ नज़र आएंगे।
उन सबके चेहरे होंगे उसमें,
जो हस रहे थे तब
जब मानवता हरा जा रहा था।
उन सबके चेहरे होंगे,
उन सबके,
जिनकी खिलकरियाँ गूंज रही थी तब
जब एक नवजात क्षीर बगैर मरा जा रहा था।

वे सब जो सब कुछ देख मुस्का रहे थे
बयान देने से घबरा रहे थे,
उन सब का नाम दर्ज होगा।
सर पर भविष्य का कर्ज होगा।

कर्ज इतना होगा की जीवित रहते तो चुका न पाएंगे।

भविष्य का आक्रोश इतना होगा की,
मरणोप्रांत भी ये चिरकाल के लिए माथे पर थूके जाएंगे।

चौपटों का राज होगा

जहाँ कोई स्व ही न हो,
वहाँ कहाँ स्वराज होगा।
जिनकी नियत ही न हो,
उनसे भला कहाँ कोई काज होगा।

मृषा के विवेचकों का था कल,
मृषा के स्नेहियों का आज होगा।
जो अनृत अलंकृत करेगा,
उसके ही सर ताज होगा।

जीवित लासों के तरह सब होता देखेगा,
और सहेगा चुप रहते हुए वह।
नहीं कल्पना नहीं है यह,
जिस तरह की पराथितियाँ हैं।
जान पड़ता है,
कल ऐसा ही समाज होगा।

खैर उत्साहित हूँ मैं कल के लिए,
आखिर मेरे बचपन की कोई कथा जो सच होगी,
मृषा को अब शर्म, हया, न लाज होगा,
अंधेर हो चुके नगर में,
अंततः चौपटों का राज होगा।

या उसका पेट भरे

उस रोज़ बड़े शोर शराबे में,
और गाजे बाजे के साथ,
वे आये और
उसके सबसे करीबी दोस्त को साथ ले गए।

शायद वह जाना न चाहती थी,
उसका रुदन भरा चीत्कार
कलेजा चिरता था।
पर अब जब घर आंगन सुना छोड़,
सारे ठहाके खिलकरियाँ साथ ले
उसकी बड़ी बेटी चली गयी है
दूसरों के आंगन,
तो उसकी विडंबना यह है की,
अपनी हड्डी बेच
लेनदारों का बकाया चुका,
अपना गला छुड़ाये।
या उसका पेट भरे
जो इसके हँसी को हड़पने के बावजूद
निर्लजों सा बैठा है मुंह बाय।

रेंगती लाशें

लोगों को खदेड़ के मारना,
घरों को उजाड़ना,
भला यह भी कोई शूरता का काम है।
क्या इस तरह आतंक फैला
अपनी नरता दिखाना चाहते हैं?
या अपने हरकतों से मानवता को
छोटा और मरता दिखाना चाहते हैं?

क्या आपका उदेश्य
लोगों के मन में डर बसाना है?
या नवजातों को अनाथ बनाना है!
या कहीं दोनों एक साथ कर दिखाना है?
पर अगर इन नवजातों को ही मारना था तो,
इतने हथियारों की क्या अवस्याकता थी?
सांप का जुठा दूध ही पिला देते।
और इन अधेड़ो के लिए भी,
हथियार नहीं चाहिए थे।
आप अपना ही जूठन खिला देते,
और वृद्ध तो कुछ दिनों में खुद-ब-खुद मर ही जाते।

वे मर जाते असमंजस और गुमनामी में,
कम-से-कम इतना हल्ला तो नहीं मचता।
बाद में इन बातों पर बात उठाने के लिए तो कोई नहीं बचता।

पर अब देर हो चुकी है,
लोगों ने देख लिया है,

भले समझा नहीं है,
पर तस्वीरों और यादों में संजो भी लिया है।

अब उन्हें याद रहेगा सब कुछ,
आपने जो जो किया है।

अब जब कभी वे एकांत पड़ेंगे उनके कानों में
मार्मिक चीखें गूंजेंगी,
चीखें उन लोगों की जिन्हें बिना उनका भूल
बताये प्रताड़ित कर मार दिया गया।
अब जब वे वापस उन रास्तों से गुजरेंगे तो उन्हें
अपने लोगों की रेंगती लाशें दिखेंगी,
लाशें जिनकी अंतड़ियाँ बाहर झूल रही होंगी,
और मुंह के चीथड़े उड़ चुके होंगे धमाकों में,
पर इन सबके बावजूद भी वे पहचान लिए जाएंगे।
क्योंकि वे उनके अपने लोग होंगे,
और यदि उन लाशों में से किसी एक ने भी,
उठ अपने उस बिछड़े नवजात से यह कह दिया की,
"मैं उन धमाकों के बीच लाशों से घिरा टूटे
मकान में घुषपैठियों के डर से
तुम्हें अकेला छोड़ नहीं भागा था।
उस रोज़ बाजार में मेरी हत्या कर दी गई थी
क्युकी मैं निर्दोष था,
और इन सभी लंबे जुबान वालों की जीभ
कट गयी थी उस वक्त
ये लोग मुंह पर ताला लगाए
कैमरों में मुझे मरता हुआ सहेज रहे थे। "

कह दिये यह शब्द अगर उस मृत पिता ने,
बचेगा न कोई एक तुम्हारा आग देने वाला
तुम्हारी चिता में,
खैर तुम्हीं बताओ कोई युद्ध
जिसमें मानवता जीता है।

जोकर की छड़ी

विश्व पर सनक ऐसी चढ़ी है,
आपदा बन आ पड़ी है।
मिटाता कोई इतिहास कहीं पर,
कोई दोहराता हर एक कड़ी है।
सृजन था जिसका यह रोकने को,
ताबूतों में मुर्दों सी पड़ी है।

छावनी की खुटियाँ जो अब गड़ी हैं,
लगता है अहम के युद्ध में
आकांक्षाएँ आ लडी हैं।
आर- पार तैनात सेनाएँ
एक दूजे के सर काटने को खड़ी हैं।
असंख्य कोटि इन नमूनों में,
कुछ गिने चुने पांच सात
जोकरों के ही हाथ छड़ी है।

राक्षस के औलादों पर
सनक विराट चढ़ी है,
और है भयावह उससे ज्यादा कहीं
की समकालीन नमूनों की बुद्धि
इसी छण बंद पड़ी है।
अब जोकर छड़ी घूमता है,
और खेल शुरू हो जाता है।

नर्घट,जमघट द्वार पर खट- खट,
"खोलो हम घुस पैठिये आये हैं।
घबराओ मत तनिक भी,
यह सब सिर्फ एक खेल है।
यह देश, शहर, गली, घर,

यह आंगन तक अब सिर्फ एक जेल है।
जेल, जहाँ चुप रहे तो मारे जाओगे,

बोलोगे तो काटे जाओगे,
धीमे बोलोगे तो
जूतों तले दबाये जाओगे,
चिल्लाओगे तो रंग- धर्म में
बाटें जाओगे,
और एक बार जो बट गए
तो फिर हमें क्या करना।
फिर खुद
अपनो द्वारा घर समूह समाज से
छांटे जाओगे,
माथे पर इनाम लिए,
मौत का फरमान लिए
कागजों में दाँत निपोरे,
हर दीवार पर साटे जाओगे।

सुनो बंधु,
हालाँकि मैं घुसपैठिया हूँ,
पर स्वाभिमान मेरा नाम है।
बंदिशों में बांध कर,
आज़ाद करना मेरा काम है।
बताता नहीं तुमको,
पर तुम भले मानस नज़र आते हो।
और योग्य भी,
हर बात में बुद्धि जो लगाते हो।

सुनो, बताता हुँ मैं तुमको एक भेद,
नहीं हैं इस जेल से भागने का कोई छेद।
पर घबराओ मत तनिक भी,
यह सब सिर्फ एक खेल है।
अगर तुम यह खेल छोड़ना चाहते हो,
यह जेल तोड़ना चाहते हो।
तो तुम्हें ढूंढना होगा जोकर को जिसके पास है

छड़ी, लाना होगा तुमको उसके पास छुपी वह
घड़ी जिसमें जनता की अक्ल है कैद पड़ी।

कठपुतलियों से भरा पथर का वन

नाचते हैं सर पर वे,
हमें आपस में बाँट कर।
तोंद हिलाये चल रहे हैं,
हम सोये पेट जात कर।
कट्ठा- डांटा बिकवा दिया,
घर भी गिरवी धर लिया।
दिन बदलने के आसार में,
हमने भुखमरी से मर लिया।
चुपी थी हमारी,
ऐसे ही नहीं इन्होंने
अधिकार हमारा हर लिया।
लकड़-सवार और उनके यार,
जो हड़प रहे हैं सारा धन।
इस पक्षपात के विरुद्ध
तु सशक्त कर माथे को अपने,
स्थिर कर तु अपना मन।
नहीं बड़ी कोई कुर्सी है,
जब एक जुट खड़ा हो जन।
आज प्रश्न है की,
क्यों सिर्फ वे पहनेंगे तीनखाप
और हम सर्दी की भी रातों में भी रहें नंगे बदन?

क्यों सर झुकाएँ उनके समक्ष,
जिनके ठीक नहीं हैं चाल- चलन?
लकड़बघे सारे धूर्त जिनका ठीक नहीं रहन- सहन।
उनकी बढ़ रही जनसंख्या,
हो रही आबादी सघन।

क्या यह उदय है नव प्रविर्ति का,
या शालीनता का पतन?

खोखले विचार सारे, झूठे वादे
और खयाली जन,
सच कहो ये जीता जागता देश है,
या सिर्फ कठपुतलियों से भरा पथर का वन।

आज़ाद लोगों का दुख

क्या सभी सफेद हैं, जो श्वेत हैं?
क्या सभी सतर्क हैं, जो सचेत हैं?
क्या सभी बेखबर हैं, जो अचेत हैं?
क्या सभी पूर्ण हैं, जो समेत हैं?
तुम बताओ दिखा कहीं कोई कभी जो न देत लेत है?

क्या सम्मान, ज्ञान, प्राण है बड़ा सिर्फ कहावतों में?
क्या असल में जो बड़ा है वह सिर्फ पेट है?
और गर यदि है ऐसा ही,
तो है नहीं उपाय क्यूँ जब इतनी ही बड़ी है भूख?
हर बार इन्हीं प्रश्नों पर जाते हैं क्यूँ नायकों के
मस्तकों में दौड़ते शिरों के नहर सूख?

ढोंगी और नौटंकियों की
और उनके, छटंकियों की तो सभी हैं सुनते।
पर अगर है प्रयास तुम्हारा सच में कुछ जानने को,
तो आओ मध्य और सुनो
कथित तौर पर लोकतंत्र के आज़ाद लोगों का दुख।
देखो कैसे कुछ अलज बैठें है जनता के कंधे,
पर और जन संवाद से चुरा रहे हैं मुख।

भागते हैं, भागने दो,
सभी जानते हैं की कैसे कर रहें है ये अपार सुख,
दाग तो लग चुका है,
बस अब देखना हैं की कब तक ये छुपा पाते हैं मुख।

क्रांति की आवाज़ बनो

जगे रहो की तुम अभी सफर में हो,
प्रवीण,प्रखर,नवीन हो,
है अगर कहीं मन में लालसा की,
पूर्णतः, संपूर्णतः, स्वाधीन हो,
तो क्रांति की आवाज़ बनो,
क्यूँ भुत के अधीन हो।

आंघुआओ नहीं की वे होते बड़े तीव्र हैं,
जो काटते महीन हो।
जगे रहो की तुम अभी सफर में हो,
आँख खोल कर चलो की अब तुम गांव नहीं शहर में हो।

अड़े रहो, खड़े रहो,
पर आँख मूंद सुस्त न पड़े रहो,
की अब शहर में हो, सफर में हो,
अनिश्चिकता के लहर में हो,
द्वेष- कलेश, भेद- भाव, से घिरे हुए
चमकते चेहरों की तिरछी मुस्कुराहटों से
निकले शब्दों के ज़हर में हो।
रोज़ माथा धो लिया करो की
मलिनता के घर में हो।
दृढ़ता बनाये रखो की लक्ष्य के डगर में हो,
कानों में गुंजति आवाज़ों से
दिमाग को बचाये रखो की
शोर के नगर में हो,

सतर्कता बनाये रखो की
चोर के नज़र में हो।

सोच में, संकोच में,

अगर-मगर हर पर में हो,
प्रभात के पुकार में, एकांत भरे जेठ के दोपहर में हो,
वह नव रक्त जो उदय के ज्वर में हो,
हो जाता है अजय वह नर जिसके हृदय की सारी
वेदना अगर क्रांति के स्वर में हो।

सर्वप्रथम योग्यता सिद्ध करो

यह कोई ददहस नहीं है तुम्हारा,
उठ खड़े हो सभी सभा- जन।
सर्वप्रथम योग्यता सिद्ध करो अपनी तब जा कर
मिलेगा कोई सिंहासन।
अधम कही का,
उस पर रौब जमाता है,
जिसके पास नहीं अपनी क्षुधा मिटाने को छिपा भर अन्न,
ना चीर ही है चार गज जो ढक सके अपना तन।

बस हुआ की अब किसी दुर्बुधि को नहीं लेने देंगे
कोई आसन्न।
राजाओं के सभी ललु- जगधर दाँत निपोरे रहो,
और यदि नहीं स्वीकार यह तो फिर आओ
योग्यता सिद्ध करो।
सिद्ध करो साहस, बल, बुद्धि,
सिद्ध करो है स्वछ विचार और करुण मन।
और यदि नहीं सिद्ध कर सकते तो, फिर यह,
तो कोई ददहस नहीं है, तुम्हारा जो कभी उस
पर बैठ कर, दिन काटो तो कभी करो शवासन।

हमारी नई आदतें

शिक्षा, भिक्षा, खेल, जेल
हर एक चीज को व्यापार बनाना
नाटक के काले कड़ाही से उबलता हुआ झूठ
निकाल गरमा- गरम समाचार बनाना
और उसके सहारे मन का
एक बड़ा दरार बनाना,
फिर व्यापार वृद्धि के लिए
धर्म को हथियार बनाना,

बिन सर पैर की बातों को आधार बनाना
थोड़ा ज्यादा कम आदतन हमेशा
तो कभी कभार बनाना
बड़ा भाता है हमें एक मन घी में चार फ़ारी
आम का आचार लगाना,
दीवार फांद दाखिल होने को
घुसपैठ के बदले
सार्वजनिक द्वार बताना,
हर दूसरी आती लहर को ज्वार बताना
जीवन का सार बताना,
अंधे को संसार बताना,
हर तीसरे व्यक्ति को पकड़ जबरन आहार समझना,
अधिकार को उपहार बताना,
प्रश्नों को प्रहार बताना,
जाल झकोरि को रोजगार बताना,
स्त्रियों को अबला और लाचार बताना,
और सुन्य गुना दो बराबर चार बताना,
न जाने कब बंद होगा

कर्मनासा से नहा कर निकले

लकडसुंघवों और लकडबघों को
लकडसवार बनाना।

एक खास रंग को चमार बुलाना,
कहाँ बंद हुआ आज भी
एक खास तपके के लोगो को
बेगार बुलाना
खैर यह तो अब आदत है हमारी
हर एक चीज़ को व्यापार बनाना।

सुर्जमुखी के बीज

इससे पहले की तुम बालों से पकड़ कर ले जाओ
मेरे लाश को खींच,
यह लो रख लो अपने पास
ये कुछ सुर्जमुखी के बीज।

यह उस पौधे के बीज हैं
जिन्हें मैंने बड़ा किया है
अपने रक्त से सींच,
लो रख लो इसे अपने बहुजेबिए कुर्ते के
बाएँ जेब में हृदय के समीप।
लो रख लो इसे,

ओ मेरे निर्बल सौतेली बहन के संदीप।
जाओ आगे बढ़ो रौंद दो मेरे रक्त से सींचे
सुर्जमुखी के बगीचे को,
जला दो इस द्वीप को,
हाँ बुझा दो अब मेरे जीवन दीप को।

पर ओ मेरे प्रिये बहन के दुर्बल लाल,
बढ़ो आगे पर रखना हर कदम संभाल,
बिछा रहे हो जो पग पग पर
औरों के इशारे से
औरों के लिए जाल,
ओ मेरे कायर पुत्र मुझे साफ नज़र आता है,
तुम्हारे सर पर मडराता काल।

जाओ आगे की अब जब त्याग ही चुके हो मोह
माया का सब जनजाल,
कूच करो की प्रतिकक्षित है
तुम्हारा वह पेड़ पर टँगा कंकाल,

बहेंगी रक्त की नदियाँ
इस प्रदेश में नहीं रहेगा
कहीं सुखा अकाल,
अभी भी एक अवसर है
यदि चाहो तो सकते हो टाल।

यम के समक्ष मैं अब क्या ही झूठ बोलूँ,
मैं मेरा कर्तव्य निभाती हूँ,
चेताती हूँ तुमको तनय,
मैं देख पा रहीं हूँ तुम्हारा काल।

हाँ जानती हूँ तुम नहीं मानोगे,
कृतव्यबध हो तो ठीक है जाओ बढ़ो आगे।
पर इससे पहले की छोड़ भागे तुम्हारे साथी
तुमको जो ले जा रहे होंगे तुम्हारी लाश खींच।
और तुम इस माटी के उपज द्वारा,
गाड़ दिए जाओ इस भूमि के नीच।

यह लो रख लो
अपने पास ये कुछ सुर्जमुखी के बीज।
यह उस पौधे के बीज हैं
जिन्हें मैंने बड़ा किया था
अपने रक्त से सींच।

प्रथना करूँगी मैं
यह उगे तुम्हारे
कलेजे को चिरता हुआ
एकदम बिचो बीच।

यह सुर्जमुखी श्रधांजलि है मेरी तुम्हारे भावी लाश को,
और यह अंतिम उपहार है
मेरे देश को,
प्रकृति को,
इतिहास को।

दुर्गति तो होना ही है हर गति

बहुमुखी, बहुचर्चित वक्ता,
और साथ हैं उसके बहरूपिया नायक,
चढ़ टीले से चिंघाड़ रहे बन कर गायक।
दूर खडा सब देख रहा वह,
चाहता की कह दे चुप हो जा बेसुरा नालायक।
पर लोकतंत्र यहाँ रोक नहीं सकता वह बोलने से।
पर लोक भी तो स्वतंत्र हैं,
कौन रोक रहा है उसको
बहरूपियों का भेद खोलने से।

अपने विवेक के तराजु पर
हर बात सौ बार तोलने से,
भूसे में गिरा सुई मिले या ना मिले,
पर तिजोरी में छिपाया, दीवारों में जड़ा,
या आंगन खोद कर पाताल में हो गड़ा,
सत्य हमेशा मिल जाता है टटोलने से।
वक्ता भक्ता या तख्ता,
कोई नहीं रोक सकता तुमको सत्य बोलने से।

बहुयामि, बहुमति संगति में,
दुर्गति तो होना ही है हर गति।
पर बेसुरे, बहरूपिये, नर्घटि,
टीले से चिंघाड़ कर ही मार लेते हैं मति।
है लगा नामों के आगे,
सुर वीर, बलवान, बाहुबली, महारथी,

ये वही हैं जो पकड़ लंगोट,
धर सर पर खडाऊं
भाग चलते हैं सबसे पहले
जब भी निकट आता है वीरगति।

क्या लगता है? हे नरेश

लंगड़ों के देश में,
घोड़ा लाया जा रहा है।
लोहारों से सोने का कोड़ा बनवाया जा रहा है

स्वरस्वती जिनकी आराधना होती थी,
वो व्यापार मात्र बन चुकी हैं।
मरोड़ दिया गया है,
जनता की गर्दन नहीं झुकी है।

चरित्र जिनके स्वयं ही दूषित,
उनसे देश के भवियों को,
संस्कार सिखवा जा रहा है।
उभरते देश के नव भगत को,
विद्रोही बताया जा रहा है।

मुस्कान लिए इस मुखमंडल तले,
सच कहो कितने भेद छुपा रहे हो।
शब्द कठोर मैं और भी लिख दूँ,
तुम सहन ना कर सकोगे।

परंतु सत्य कहता हूँ, हे राजन,
लक्षण तुमहारे उचित न लगते,
प्रशन करू कुछ भी तुमसे,

जानता हूँ,
तुम मिथ्या ही बताओगे।
पर क्या लगता है? हे नरेश,
तुम कब तक अपनी क्षुद्रता छुपा पाओगे?

भग्न भँवर में

रही रही झांके किरनिया,
लुक छुप लुक छुप जाए कंबल में।
फैलाने को प्रकाश जग में,
उज्वाला के सफर में।
राह बदरिया, ताने कमरिया,
बैठे ठाट लगा डगर में।
अंधकार से भरा जीवन,
प्रकाश के शहर में।
खिच- तान, ऊंच- नीच,
होत रोज़ सफर में।
लुक- छुप, लुक- छुप बंद होत,
सूर्य चले विलोपन को,

हृदय हाथ रख सिहराये मन,
कलेजा नहीं जिगर में!
मुह झुकाए बैठे बबुआ,
फँसे भग्न भँवर में।

गाज आप पर भी

महाराज,
ग्लानि के अभिनय में,
अज्ञ का भाव ढेर है।
परिभाषा धर्म की लिखने वाले,
धर्मगुरु कुबेर है।
सेवा और स्वार्थ में,
मति का बस फेर है।

दोष आपका भी दिखेगा प्रभु,
तनिक धैर्य रखो अभी देर है।
अवरुद्ध प्रज्ञा जग अंधेर,
नयन खुले सवेर है।

जनकल्याण के नाम पर,
हुआ जो उलट फेर है,
गाज आप पर भी गिरेगा स्वामी,
तनिक धैर्य रखो अभी देर है।

रोग शोषण का

खेतों में बिरहा गाने वाले,
दुर्बा से लदे मखमली,
पगडंडियों पर चलने वाले,
जेठ की गर्मी में सड़को पर,
पगड़ी बाँधे जल रहे है।

क्षुद्रों का दुसाहष् तो देखो,
महाराजाधिराज के नेत्रों में,
कैसे खल रहे है।
अन्न दाताओं के पूत,
भूखे पेट पल रहे है।
अरे! इसमें दोष क्या महाराज का?
वो तो बस मिथ्या का ढोल बजाते,
उड़नखटोले पर सीना ताने चल रहे थे।

क्यों लांछन मेरे नरेश पर,
इनसे पहले भूप कितने सफल हुए है?
दो वेवरा करो प्रमाणित,
स्वाभिमान बेचने में कहाँ,
प्रभु मेरे विफल हुए हैं।

कहाँ इन गवारों के लिए इतने उद्योग थे?
कहाँ इस बंजर धरती के इतने उपयोग थे?

कहो कहाँ थी इतनी युक्ति,

देश के भावियों के जीवन से,
करने को प्रयोग?
उचित कार्य सभी प्रधान के,
अनुचित सिर्फ संयोग।

मिले प्रधान हमको ऐसे,
लाखों में एक सुयोग।
रास्ट्र द्रोही है ये सब,
जो समझे ना भूपति के,
घढ़ियाली अश्रुओं को वियोग।

अधिकार नहीं जीवन का इनको,
न जाने कहाँ कहाँ से,
चले आते है ऐसे लोग।

प्रधान बनाने का कार्य जनार्दन,
तुम्हारा ही तो था।
अब बारी है कर्म फल की,
चल दिये कहाँ।
फैल चुका है रोग शोषण का,
रुको जन समान्य।
जरा कर्मफल भी तो लो भोग।
बताओ भला,
न जाने कहाँ कहाँ से,
चले आते है ऐसे लोग।

क्या फर्क पड़ता है

एक बड़ी मोटी और गहरी लकीर खींच दी गयी है,
रोकने के लिए, समेटने के लिए, बांधने के लिए,
लपेटने के लिए।
बौराये कुत्ते खुले छोड़ दिये गए हैं,
उन्हें बौराह् कहने पर धर चपेटने के लिए
पाखंड और गधा हेकों- हेकों की प्रथा बना दी गयी है।
और दिमाग से कह दिया गया है आँख -कान
बंद कर कालजयी निंद्रा में सोने के लिए,
और कुछ मद-लीन, मतहीन, नामचीन आत्माओं
को भटकने का आदेश जारी किया गया है,
जेही -तेही को जबे -तबे थपेड़ने के लिए।
और तो और उड़ती हुई खबर आई है की
लाठी डंडे सारे हथकंडे अपना कर,
गाली, गुंडे,मवाली शामिल कर दिये जायेंगे
प्रस्तावना नामक नाव में,
और जो झीझुआयेंगे, गुरनायेंगे, अंसायेंगे
वे धकेल दिये जायेंगे कपरफोडवल के बहाव में,
और इस तरह धूर्तता की व्याख्या की जायेगी
नवयुग के श्रेठ स्वभाव में।

क्या फर्क पड़ता है की आज भी किसी के
सिर के बाल तक बिक जाते हैं
किसी लकडसावर,पढे- लिखे- गवार
द्वारा दिये दहेज के दबाव में।
क्या ही फर्क पड़ता है
अगर कोई रगड़ रहा हो
नमक कुरेद किसी के घाव में।

अब क्या जरूरत है

प्रेम की किसी से लगाओ में?

क्या जरूरत शालीनता की आव भाव में!

दाँत -चिहार हँसते क्यों नहीं तुम भी,
डूबे रहते हो किस तनाव में।
क्यों भला उनके आँखो में आँखे डाल सच बोलना

लोट जाते हैं न धुर में,

उनके पाँव में,

क्यों बेवजह धूप में जलना,
आराम से बैठते हैं न नाग के फन की छाँव में।

अंधकार नहीं लिखता

अधिकतर,
अंधेरे में ही बैठ कर लिखता हूँ मैं,
पर मैं अंधकार नहीं लिखता,
मैं अन्हारे से अंधेरे पर प्रकाश डालता हूँ।
प्रकाश डालने से मेरा यह तात्पर्य नहीं की मैं
सूर्य का रथ संभालता हूँ।
मैं यह भ्रम नहीं पालता,
नाहीं इसका दावा करता हूँ।
पर मैं अपने शब्दों के आँच से रक्त उबालता हूँ,
उनके रक्त,
जिनका हृदय काला पड़ चुका है,
दिमाग की सारी नसें सुख गयी हैं, जिसके कारण
वे सब देखते हुए भी अंधे हो चुके हैं।
हाँ, निसन्देह मैं अपने शब्दों के आँच से
उनका रक्त उबालता हूँ।
और फिर उनके काले हृदय और सूखे माथे को
निचोड़ कुछ प्रश्न निकालता हूँ,
मैंने कहा न मैं अंधकार नहीं लिखता
मैं अंधेरे पर प्रकाश डालता हूँ।
प्रकाश डालने का अर्थ यह बिल्कुल नहीं की
मैं अंधकार की बात टालता हूँ।
अर्थात मैं बातों को रजाई नहीं ओढ़ाता,
मुझे बोलना पसंद नहीं,
पर मैं बोलने से मुँह भी नहीं चुराता।

बंद पड़े कंठों में आवाज़ डालने की कोशिश
करता हूँ,मस्तकों में आँख डालने की कोशिश,
मैं कभी नहीं करता
किसी के आत्मा पर राख डालने की कोशिश।

युद्ध जहाँ मानवता जीत रही है।

दिन गोली के धुन में,
रात रुदन के सुर में बीत रही है।
चीखती – चिलाती- छटपटाती ध्वनियाँ गूंज रही हैं,
जिनका इस हुजूम में अब कोई मीत नहीं है।
जो प्रिये वह छीन जाते हैं
यही तो युद्ध की रीत रही है,
पर देख रहा हूँ मैं यह विचित्र युद्ध
जहाँ मानवता जीत रही है।

तानाशाही ताकतों से सारे लोकतंत्र पीट रहे हैं,
खुदको सुरमा कहते फिर रहें हैं
वे जो कल तक नाली के किट रहे हैं।
सभ्य नहीं जो खुद वे सभ्यता सिखाते वही जो
खुद आजीवन थेथर- लंगे -ढीठ रहे हैं।
जो स्वयं की नीचता सिद्ध करने को जन पर

किरशन छिट रहे हैं,
पर अडिग हैं कुछ मानव महान जो
उनके मिटाये नहीं मिट रहें हैं।

नमन उन सभी को जो इस दुर्गति के छन में
संगति का हाथ बढ़ा रहे हैं,
द्वार खोल अपना हमदर्दी जता रहें हैं,
और उन बहादुरों को भी जो
तनिक नहीं घबरा रहें हैं,

सहर्ष आगे बढ़ अपनी वीरता दिखा रहे हैं,

धन्य हैं वे सभी मनुज जो
मानवता को जीता रहें हैं।

खिड़की की जालियों से

यह खिड़की की जालियों से,
जो धूप छन कर आ रही है।
क्या कोई आशा की किरण है?
या यह मेरे कैद होने के आभास को बढ़ा रही है।
ये बारंदे में रखे गमलों में लगी जो हरियाली है,
क्या यह उस विश्वास, उर्वरता, समृधि को अंकित रही है,
या यह जकड़ी हुई हरियाली दर्शा रही है की
किस तरह धरती की छाती चीर अथाह माटी,
खुले आकाश, धूप और वर्षा के आदि ये पौधे ये
फुल किस तरह एक गमले भर माटी को अपना
भाग्य और अपनी सीमा मान सिमट कर रह
जाना स्वीकार कर चुके है।

इन खिड़की की जालियों के बाहर जो ये नीला
गगन छाती ताने अपनी विशालता दिखा रहा है।
समझ नहीं आता की ये
मेरे अंदर एक आश को जगाना चाह रहा है,
क्या ये कह रहा है की देखो
तुम सीमित नहीं हो, अकेले नहीं हो
या कहीं ये छाती फैलाये फन ताने
अपने विशालता से डराना चाहता है मुझे।

इसमें ये उड़ते पक्षी इनकी स्वतंत्रता बड़ा लुभाती है मुझे,
पर क्या ये सच में पूर्णतः स्वतंत्र है भी या यह
किसी मोह मे किसी खास स्थान से किसी तरह बंधे हुए है?

परंतु क्या जो बंधा है वह स्वतंत्र नहीं

और क्या स्वतंत्रता बांधती नहीं?
क्या मात्र बंधनों से मुक्त हो जाना ही स्वतंत्र हो जाना है?

ऐसे खिड़की से छन कर आती धूप को देख
कई तरह के प्रश्न है जो अंतः मन को कुरेदने लगते है,
कई तरह के विचारों की उठा पटक शुरू हो जाती है।

वो जो सिर्फ एक मध्यम था

कल स्वर्णिम किरणों के धरातल पर पड़ने के
साथ ही मुरझाये कुसुम फिर खिल उठेंगे,
केश विहीन हो चुके वसुंधरा पर बरसात की
पहली बूंद पड़ते ही घने दुर्बा फिरसे लद आयेंगे।

लाल पड़ चुके सभी नहर, नाले, नदियां,
कुछ समय पश्चात फिरसे वापस
अपना रंग धारण कर लेंगे।
वातावरण में फैले इस गंध के हटते हीं,
प्रलय के उग्र काले बादलों के छटते हीं,
पेड़ जिनकी पत्तियाँ झड़ गयीं हैं,
टहनीयां टूट गयी हैं,
शायद वह एक नय सिरे से उग आये
वसंत के आते हीं।
और पेडों के हरियाते हीं, पंक्षी जो धमाकों के
आवाज़ से हदस कर भाग गए हैं,
शायद वे भी लौट आयें।

और यह विनाश भी रुक ही जाएगा,
अहम की पूर्ति के बाद।
पर वो जो सिर्फ एक मध्यम था,
एक निष्ठुर व्यक्ति के करुणाविहीन स्वार्थ की पूर्ति का,
मेरा कौतूहल है की
यह सब समाप्त होने के बाद उसका क्या होगा,
क्या यह उसके लिए भी
इतने सरलता से समाप्त हो जाएगा,

और यदि हो जाएगा तो

क्या उसके मानव होने पर प्रश्नचिन्ह नहीं लगेगा।

संभव है की लौटते वक्त
अपने साथियों का उत्साह और विजय का हर्ष देख
वह ध्यान न दे,
पर एक बार अपने बटालियन के साथ
सभी छावनी पहुँच जाएंगे
और फिर जब अपने अपने घरों की ओर निकलेंगे
तो बस अड्डे तक पहुँचते हुए
और बस में बैठने के कुछ देर बाद तक,
एक उमंग,एक उत्साह रहे अपने घर जाने की
अपने लोगों से मिलने की,
पर अचानक कंडक्टर
आ कर टिकट मांगेगा और
ख्याली पुलाव बनता अचेत मन
वापस सचेत हो जाएगा,
अब ध्यान बस में हो चुके भीड़ पर पड़ेगा और
फिर भीड़ से अकुआ कर
वह खिड़की के बाहर देखने लगेगा,
पर इस बार खिड़की के बाहर उसे
एक सजिला नवयुवक दिखता है,
वह बस को हाथ दे कर रोकने का इशारा करता है
बस अपने तेज गति में होने के कारण
कुछ दूर आगे बढ़ कर रुक जाती है,
वह एक बड़ा सा बैग लिए दौड कर आता है
और चढ़ता है,
थोड़े बड़े हल्के घुंघरैले और उलझे
बाल, बड़ी भूरी आँखे और तीखे नाक नक्शे, हस्ता
हुआ फोन पर कहता है
"बस और आधे घंटे में पहुँच रहा हूँ माँ",
शायद वह बड़े दिनों बाद घर जा रहा है,
हाँ वैसे भी आज कल काम और
पढाई के चक्कर में घर रह ही कौन पाता है,
कुछ दूर आगे बढ़ते हीं

एक जोड़ा और बस में चढ़ता है,
उन्हें देख कर जान पड़ता है की नवविवाहित है,
वरना कौन विवाहित लोग हैं
जो विवाह के समय हो जाने के बाद भी
रास्ते भर दाँत चिहार कर बक बक करते रहे,
कुछ देर बाद जब बस शहर में पहुँचती है तो
कुछ बच्चे स्कूल के कपड़ों में चढ़ते है,
जाहीर सी बात है की वे भी घर जा रहे हैं छुट्टी के बाद,
उनमें से एक है जो खूब हवा बना रहा है
और बाकी उसके टोली के सभी खूब आनंद में
मंत्रमुग्ध हो उसकी बातें सुनते हैं।

अचानक बड़ी तेज आवाज़ आती है
और बस धक से रुक जाती है,
ड्राईवर स्टेयरिंग् पर उलट जाता है,
कुछ लोग बस में दाखिल होते हैं
और धड़ा- धड़ गोलियां चलाने लगते हैं,
और पलक झपकते हीं लासों का ढेर लगा देते हैं
नव जोड़े से ले कर बच्चे तक
सभी की लीला समाप्त कर देते हैं,
वह बच गया है वही भूरी आँख बड़े घुंघरैले
उलझे बाल वाला लड़का,
बंदूक धारियों में से एक आगे बढ़ता है
लड़के के सर पर बंदूक रखता है
और तभी किसी का हाथ खिड़की से बाहर स्वप्न
विलीन पूर्व बंदूकधारी मध्यम के कंधो पर आता है,
साहब आपका जगह आ गया,
वो बस से उतरेगा
और उस बस में देखे भयावह स्वप्न को सोचते हुए बढ़ेगा घर के तरफ
और तभी एक आदमी को पीछे से कुछ लोग
जो एक जैसे कपड़े पहने हुए हैं
वो बाएँ घुटने में गोली मारते हैं और
मिनट भर में उनमें से एक धड़ा धड़ा पीछे से गोलियां चला
सीना छलनी कर देता है,
अचानक बस वाले स्वप्न को सोचता हुआ

नया दृश्य दिमाग सामने आ जाने पर वह बोल उठेगा
"नहीं मैंने नहीं हत्या की"।

शायद वह व्यक्ति जिसके पैर में गोली मारी गयी
वह दफ्तर से घर को जा रहा था,
इन दृश्यों के बार बार सामने आने से परेशान,
वह घर को पहुचेगा और गेट खुलते हीं
उसकी बेटी दौड आती है
पापा पापा करते हुए,
शायद
उसकी भी बेटी ऐसे ही आती जिसके घुटने में
गोली लगने पर गिरे उसके बैग से एक गुड़िया
निकल बिखर गयी थी।

यह विचित्र कौतूहल है
क्या वह जो कुछ समय
पहले तक बंदूकधारी होने पर गर्व करता था
अब उम्र भर इसी तरह के दृश्यों का
गुलाम बना रह जाएगा?

क्या अब वह खाने बैठेगा तो उसे वहाँ भी यही
दृश्य दिखेगा की उस रोज़ भी वे लोग ऐसे ही
बैठे थे खाने के टेबल पर जब
इसने अचानक से घुसपैठ कर उन्हें भून दिया था।
क्या इसी तरह के ग्लानि और आत्म लांछन लिए
वह ता उम्र बेचैन रह जाएगा।
पर क्यूँ उसने तो मातृभूमि के लिए किया जो किया?
या शायद मातृभूमि के नाम पर किसी सनकी
दुर्बुधि के बहकावे में।

खैर मेरा कौतूहल है की उस सनकी के स्वार्थ
पूर्ति के समाप्त होने के बाद उसका क्या होगा
जो सिर्फ एक मध्यम है।

क्या यह उसके लिए भी इतने सरलता से समाप्त हो जाएगा,
मुझे नहीं लगता की यह इतना सहज है,
और यदि इतने सरलता से समाप्त हो जाएगा,
तो क्या उसके मानव होने पर प्रश्नचिन्ह नहीं लगेगा।

तो क्या उसकी आत्मा उस पर हत्या का आरोप नहीं लगायेगी?
क्या वे लोग जिनके लोगों को इसने मारा है,
भले दूसरे के आदेश पर किया हो
पर किया तो इसने ही है,
उन्होंने तो इसे ही देखा है
तो क्या वे इसे दोषी नहीं ठहरायेंगे?
अपने, पिता, माँ, भाई, बहन, बेटे, बेटी, पत्नी, दोस्त,
साथियों का हत्यारा नहीं बतायेंगे?
क्या वो उन्हें भूल पायेगा?
क्या वे उसे उसे भुलायेंगे?
यह बस मेरी कतुहलता है,
जो व्याकुल हो रही है,
मानवता को धीरे धीरे मरते देख।

"क्रांति बम और पिस्तौल का पंथ नहीं।"

~ भगत सिंह

अर्णव

बादलों से टूट कर
जो एक मोती गिरा
इधर उधर बिखर गया
पर आवाज़ न हुई

दबे दबे पाँव से आ कर
कोई रौंद गया
जाने वो क्या था
जो मन में कौंध गया
तुम्हीं जानो ये ख्याल क्या है
जाने इन्हें मुझे कौन दे गया

वेद प्रकाश

भोर हुआ
हुआ लाल आकाश
जागो- जागो वेद प्रकाश
है उमर शेष अभी सोने को
रण होने दो, रण होने दो
अब नहीं शेष जब कुछ खोने को
तो उठो सूर्य से पहले अंजोर करो,
उठो वेद प्रकाश
फौ फटने से पहले भोर करो
धमनियों में जिसके भरा हो स्नेह
झुक कर के जो लेता आशीष
कंधे पर टाँगे कोसों- मीलों दौड़ पड़े
जब कोई पीता हो विष
ऐसे साहस के दाता
न झुकाओ कंधा अपना
न लटकने दो शीश
चलो सूर्य को पकड़ लाने को
उठो मेरे अमिश
उठो तयारी करो कुच की
तुम अभिमान हो मेरा
रजनी के स्वामी
तुम्हारा क्या बिगाड़ेगा यह अंधेरा
आदेश करो तुम ला पटक दूँ
समय तुम्हारे चरणों में
हर अवसर त्राहि- त्राहि कर आना चाहे
एक बार तुम्हारे तुम्हारे शरणों में

भय नहीं खाता जो
अकेले बिहडों में चलने से
कौन रोक सकता उस नर को
युगों- युगों तक फलने से
जब तक अंतः में दीया है जल रहा
तब तक हो न सकता है अंधकार
कभी सूरज के मात्र ढलने से

वन भी तुमसे स्वास पाता है,
नभ भी तुमको शीश झुकाता है,
जागो- जागो वेद प्रकाश
देखो फिरसे तुम्हें रण बुलाता है
नहीं संभव पैकड़ लगाना
उस मनुज को जिसका
जीवन लक्ष्य को समर्पित है
आँख खोल देखो प्रकाश
यह युग तुम्हें ही अर्पित है

इस ब्रम्हांड को जीत,
ब्रम्हा के घमंड को तोड़ने की
अखंड सपथ मैं करता हूँ
हे प्रकाश,
तुम यदि नेतृत्व करो
तो मैं युद्ध को हूँकार भरता हूँ

रही है नियति ललकार
ज्यों क्षितज से दौड़ आता हो कोई घुड़सवार
चलो प्रण करते हैं आज
हम लड़ेंगे तब तक जब तक
शेष रहेगा आखिरी स्वास,
पुकार रही है धरती देखो
है शेष जितने को समग्र आकाश
जागो- जागो वेद प्रकाश

आओ हे प्रकाश दिखाऊँ
नियति के उर का स्पंदन तुमको
हो विराजमान बलवान
करो स्वीकार मेरा यह वंदन तुमको

डोलता नहीं है वक्ष जिसका
धूमिल न होता लक्ष्य जिसका
ऐरावत के भी टूट आने से
कौन भला रोक सकता है ऐसे मनुज को
जग में प्रसिद्धी पाने से
जाग उठो परिहार करो
जो दोष उसे स्वीकार करो
करो- करो प्रहार करो
हताश होना अस्वीकार करो
जागो प्रिये वेद प्रकाश
एक बार फिर विचार करो
विचार करो बदलाव का
की बहुत स्वागत हो चुका तनाव का
देखो लालिमा फैल रही है तनाव जा रहा है
ध्यान से सुनो कोई राग भैरव गा रहा है

अब तुम भी फिर से जाग उठो
सूर्य भी उग सर पर चढ़ा आ रहा है
उठो हे प्रकाश
यह युग तुम्हें बुला रहा है
बुला रही है धरती तुम्हें
कुच करो ले गहन स्वास
भोर हुआ, हुआ लाल आकाश
जागो जागो वेद प्रकाश

वैजयंती के फूल

कहाँ गया वह कच्चा रास्ता
जिसके किनारे थे वैजयंती के फूल
तीन मोहान के किनारे वाले
लाल पीले याद है
एक दिन कुछ ठेकेदार आये थे
फिर मुझे पता नहीं
क्या हुआ बाद में

लोग बताते है
चार हसुआ मारा था
किसी ने उनके लाद में
सुंदरता देख मइंवा उठा ले गयी थी
पर उसके बाउजी ने
गड़ासी से काट के डाल दिया था
गाय के नाद में

वैजयंती के जड़ों पर रोपे गए ईटें को
ढका गया था सीमेंट से
आज वैजयन्ती की कमी मिटाई जा रही है
नकली सेंट से
सड़कों पर चारो ओर बिखरे पड़े हैं शूल
तलवा आर पार कर जाए
यदि तनिक भी हो भूल
उसी सड़क से आना जाना है
जन, पाहुन किसान का
बच्चे भी उसी से आते जाते हैं स्कूल
पर सड़क किनारे लगाये गए हैं बेर
जहाँ कभी हुआ करते थे वैजयंती के फूल

द्वंध गीत

द्वंध गीत
सुन मित
की आवाज़ आज प्रश्न है उठे
तेरे व्यक्तित्व पर, स्वामित्व पर, अस्तित्व पर
की यदि तु है
तो फिर क्यूँ थम गया यह कश्मकश
जो चल रहा था मेरे भीतर
बैठा था जो एक तितर
गाता था जो क्रंद गीत,
झूमता था जिस पर
जर्जर विश्वास का स्पंद् भीत

द्वंध गीत
सुन मित
की आवाज़ आज प्रश्न है
उठे तेरे अस्तित्व पर
की यदि तु है तो
क्यूँ मर रहा है आश और
बैठा है बगल में उसके विश्वास,
गला दबाए रोके साँस
और समझ तो ऐसे मर गयी
समझ ही नहीं पाता हूँ
की जकड़ा हुँ जिसमें वो है
कोई साधारण जंजीर या है नागपास,
जो मेरी हड्डियां निचोड़ता है,
अतड़ियाँ मरोडता है,
जोड़- तोड़ नाप जोख कर
काटता है मास मेरा

गर्मी से है सब तर- बतर,
दोपहर में भटकती आत्माएं दर- बदर
घाम से जलता चेहरा पर
आँखों के सामने लदा है कोहरा घनेरा

निर्णय पूर्णतः तुम पर है

हे मेरे नव युग के लेखक
थक गए क्या राह में
अगर सुलग कर धुआँ हो गए
तो कह दो भर दूँगा आह मैं
तुनक मिजाजी उत्साहित न हो
कूदने को दिव्य दाह में
अभी कुरूक्षेत्र बहुत दूर है
पहले परीक्षा देनी होगी जल लाह में

जानते हो न मोम पिघल गिरने से
होती है कितनी पीड़ा
लाक्षागृह के आग से बच निकलना
है नहीं कोई बाल क्रीड़ा

भले अभी हुआ न हो शंखनाद
पर है एक परस्पर युद्ध छिड़ा
निर्णय पूर्णतः तुम पर है
जाओ भागो छुपो वन में
या फिर उठाओ संघर्ष का बीड़ा

पर धनंजय आज यदि
भाग गए जो तुम वन को
तैयार रखना यह उत्तर मित्र
क्या मुह दिखाओगे अपने मन को
फिर किस तरह भला वीरता का
एहसास दिलाओगे अपने तन को
यदि आज गुड़ाकेश भाग गए जो
तुम वन को

बढ़ो आगे
की मृत्युंजय क्या हुआ
यदि तुम मारे गए
कृति तुम्हारी अमर रहे
वह जीवन भी क्या जीवन भला
जिसमे न शेष समर रहे

तय है

वे जो तैयार हैं
अपने सपनों का सौदा कर लेने को
उनकी सीमा का तय होना तय है
तय है उनका हर रोज़ मरना
उन्हें अपनी आत्मा को
जंजीरों में बाँधना पड़ेगा वरना
वह हर रोज़ निशा के गोद में बैठे
हताशा का हाथ पकड़ना चाहेगी
और एक बार जो उसकी कलाई
हताशा की तलहथियों तक पहुचीं
तो तय है उसका
अपने जन्म को उम्र भर कोश्ते फिरना

और वे
जिन्हें तय होने से भय नहीं
तय किया जायेगा उनका सब कुछ
हँसने- रोने, खाने-पहनने से ले कर
संबंध तक
उनका हर चीज तय किया जायेगा
तय किया जायेगा उनके आवाज को
तय किया जायेगा उनके कल को
उनके आज को
तय की जायेंगी चीजें
किनसे उन्हें हो नफरत
और किन पर नाज़ हो
क्योंकि जो
अपने सपनों का सौदा कर लेते है
उनकी सीमाएँ तय कर दी जाती हैं

तय कर दिया जाता है
अनुभव, आकाश और स्वास
मस्तिस्क की नशों को काट
बनाया जाता है नियति का दास
और फिर सुनिश्चित किया जाता है
की वे बने रहे ताउम्र जीते जागते लाश
उन चलते फिरते लाशों के मालिक
जन्माते है नालायकों को
जिन्हें अपने भुजाओं पर,
अपने संघर्ष पर भरोसा नहीं
वे करते हैं खरीदने पर विश्वास
पर खरीद फरोख्त इच्छाओं की होती है
जो चीजें खरीदी जा सके वे
पगलपन को जन्म नहीं देती
और जो पगलपन के
अंतिम छोर पर न मिले वह स्वप्न नहीं

सपने तो वह परमार्थ हैं
जिनकी प्राप्ति का मात्र मार्ग साधना है
जिनमें सनक नहीं अपने सपनों के लिए
जिनके हृदय में आग नहीं लगता
जिन्होंने नियति का जबड़ा पकड़
उसके आँखों में आँख नहीं डाला
उनका तय होना तय है

देखना है

कुछ खोपड़ियाँ फूटी है,
कुछ झोपड़ियाँ टूटी है,
कुछ टूटे है अरमान
कुछ समान बिखरे पड़े है
समानों में है गुड़िया चूड़ियाँ
और जीवन अवशेषों में दबा पड़ा है
वहीं किनारे पर डबडबया दाँत पिसता
एक नया युग खडा है
गूंज रहा कानों में लोर भरे गले का स्वर
है कोई ढुंढता अवशेषों में
जीवन झोले में लेने को भर
बिने चुने समानों के साथ
ढो रहा टूटे सपनों का घर
अब कोना- कोना अंजान पराया,
जो कल तक था उसका अपना शहर

बस्ता था जिसमें हृदय उसका
टूट गया वह झुग कुटीर
कल तक जहाँ उड़ान भरता था
स्वप्न प्रेम पावन समीर
आज वह डूबा पड़ा है
झर- झर बहता आँखों से नीर
फिर कल आँखों के आगे झीलमिलाया
वह क्रोध से तिल मिलाया
काँपता उसका थर- थर शरीर
अब स्वप्न ऐसे चुभते हैं
ज्यों हृदय को भेदता हो तीर

वह अबोध जिसको न सुध
की क्या चूक था उसका
छुट गया एक छाप उस मन पर,
वैसा ही गहरा
जैसा उसके पिता के तन पर
छीन गया छत उसके सर से
और अपेक्षा है की वह चुप रहेगा डर से
मद में लीन हैं मतहीन कुछ
जीवन उसका काँटों से भर के
अब तो देखना ही है की कब तक
वह चुप बैठता है डर के

उत्सव मना रहें हैं जो
उसके छत विहीन हो जाने का
कुँजी गवाँ रहे है वह
भविस्य के स्वर्णिम खजाने का

हाँ उजड़े घर टूटे विश्वास से
भले भग्न हो जाए उसका स्वप्न मोह
पर प्रतिभा छुपती कहाँ इतने सरलता से,
नियति लेती है योग्य जोह

एक युग बैठा है सड़क पार
खुदको ढुंढता शेषों में
जो गाठों की श्रृंखला पड़ गयी
जिसके जीवन के सीधे रेशों में

उस पर अब दीठ लगाए बैठा है
मेरा यह निर्मम समाज
और इसके हिंसक जन
जो एडी छोटी का जोर लगाए हुए है
उसमें विद्रोह पनपाने को
यह मानव रूपी भेडिये व्याकुल है
उसे जीवित खा जाने को

लेकिन चुकी विद्रोह और प्रतिशोध का भाव
जब बैठता है तरुण मन में
अंग- अंग से फफक कर खौल उठता है
रक्त नव तन में

कौन जाने की अब यह युग विध्वंश लाता है
या फिर कोई हंस बना नया अंश चला आता है
पर देखना है यह की आखिर
"अभ्युत्थानमधर्मस्य तदात्मानं सृजाम्यहम्"
का अस्वशन देने वाला वह अच्युत कब आता है

हम फिर मिलेंगे साथी

सुनो गीत गाओ,
डुबो न मगर
दोष होता ही क्या,
जाता कबूला अगर
चलो घूम आये यह फरेबी शहर
है सुना की नाचता है एक टांग पर समूचा नगर

मेरे घर के आगे जो बहती है नहर
उस से कर दो इशारा की जाए ठहर
कह दो आमंत्रित हैं सभी
देव दैत्य नारायण और नर
आज आजमा ले सभी किसमे कितना सबर
आये देखें सभी किसमे कितना जिगर
वक्ष किसका खाली पड़ा
किसमे है कलेज भीतर
सुनो मित्र आओ,
मित् बनो ना मगर
दोष था किसका, धूर्त तुम थे अगर
चलो देखने फिर तमाशा वही
सुना है आज भी नगर में फेकता है
शकुनि पाशा कहीं
रवाईया तुम्हारा तो ठीक था न कभी
इसलिए स्नेह है तो सही
पर कोई आशा नहीं

ठीक है
की अब से यह गुमनाम खिलखिलाती चुप्पी हीं

हमारी भाषा रही
तुम घबराओ मत
मौसमी है यह हताशा, बारहमासा नहीं
हम फिर मिलेंगे साथी,
हम फिर मिलेंगे
मुझे तनिक भी निराशा नहीं

साथ बीते दिनों की कसम

मुझे मालूम है
की तुम यहीं हो
मेरे बाएँ तरफ दरवाजे के पीछे
कुछ सालों से तुम वही खड़े हो
प्रतीक्षा में
मैं यहीं पड़ा हूँ
ठीक तीन गज दूर तुम्हारे दाएँ तरफ

मैं जानता हूँ
तुम्हें खुद पर संदेह होने लगा है
मुझे भी शर्म आती है
खुद से

तुम्हारे चेहरे पर जमा धूल
और मेरे कौशल को लगा जंग
हमारे हालात तो बयाँ कर रहें है
पर हालात के नाम पर मिली
संतावना का भला हम क्या करेंगे
वह न तो हमारे इच्छाओं में शामिल थी
न हमारे जरूरतों में है

इस युग के देवताओं के आसरे
हम अपनी प्रेमकथा नहीं छोड़ सकते
उन तक जाती वीआईपि लाईन में भी
संख्या बहुत ज्यादा है
और मौर्डन देवताओं के योग्य
हमारे पास तो हाई- फाई चढ़ावे भी नहीं

और यदि कहीं
उनमें मे से किसी ने मेरी लिखावट पढ़ी होगी
तो शायद कहीं चिढ़ न जाए
जैसे चिढ़ जाते हैं मौर्डन लोग

इस इंतज़ार की उम्र लंबी है साथी
हमें प्रेम करने के हमारे तरीके ढुंढ़ने होंगे
हमारे साथ बीते दिनों की कसम
साथी हमें लड़ना होगा
हमारे वजूद के लिए

क्रूर समय

यह समय जो क्रूर समय है
वह समय जो दूर समय है
मध्य इसके जो समय है,
ये समय भी क्या समय है
हर रोज़ इसका द्वंध होना
की जन्म जीवन या प्रलय है
बनते टूटते संबंध, विश्वास
और रोग, दोष ग्लानि का समन्वय है
फिर भी हर रोज़ इसको नकार देना की
जीवन जन्म से ही प्रलय है

है लिखा पहले से कुछ
कुछ और लिखा जाना तय है
यह समय भी क्या समय है

सोचता हूँ
गर यदि रख दूँ शीश अपना समय के चाक पर
क्या भरोसा कुम्हार का
की वह प्रहार न करेगा मेरे आँख पर
क्यों भरोसा कर लूँ मैं की
वह मुझे न गाड़ देगा राख तर
आये दिन जब कोई काट देता है
पंक्षियों के पर
तो फिर भला मैं कैसे मान लूँ की
है सुरक्षित इस समय का शहर

न यह समय सुरक्षित है
न शहर ना सफर और नाहीं
सुरक्षित है सुरक्षित होना
परंतु फिर भी सबसे सरल है सुरक्षित होना
और मैं सरलता के लिए
सुरक्षित होने की लालसा में
अतिरिक्त होना नहीं चाहता हूँ
मैं मेरे सुरक्षा के बदले विवेक को गिरवी रख
इतना अधिक रिक्त होना नहीं चाहता हूँ
समय को इस तरह से सिमटता देख
कालचक्र को भी जरूर विस्मय है
सोचता होगा वह भी की
यह समय जो क्रूर समय है
वह समय जो दूर समय है
मध्य इसके जो समय है
ये समय भी क्या समय है

इस समय में जो मेरा समय है
उसमें चारों और फैला मरुअस्थल है
दूर क्षितिज तक फैला हुआ
जो यह मरुअस्थल है
बड़ा ही विचित्र दलदल है
पर वह भी कहाँ है कम विचित्र
जो हठ पर अड़ा है
खिचने को नया मानचित्र
न समय उसका न वो समय का ही है मित्र
हर समय हर समय- समय पर
होता जाता यह और विचित्र

यह समय जो क्रूर समय है
वह समय जो दूर समय है
मध्य इसके जो समय है,
ये समय भी क्या समय है
क्या समय है यह भला जिसे काटना पड़ता है

कैसे मान लूँ की है लाचार नहीं समय
जिसे अपनों को बाटना पड़ता है
समय- समय पर समय को निहारने की आदत
ठीक नहीं लगती मुझे
क्योंकि निहारते- निहारते
समय कब समय से आगे बढ़ जाता है
और कब मैं समय के पीछे छुट जाता हूँ
समझ ही नहीं आता
जैसे इस समय मैं
उसे लिखने के प्रयास में
उसे गवां रहा हूँ
पर साथ ही उसे को बसा भी रहा हूँ
पर वह मुझे बसा रहा है या उजाड़ रहा है
मुझे इस वक्त इसका अंदाजा नहीं है
पर मैं बसने के लिए
समय में आँख बंद कर विलीन होना
स्वीकार नहीं कर सकता
मैं विलीन होना नहीं चाहता पर
मैं समय विहीन होना भी नहीं चाहता
मैं समयवान होना चाहता हूँ
मैं थोड़ा अधिक धैर्यवान होना चाहता हूँ
धैर्यवान इसलिए क्योंकि समय के आड़े खड़ा होना बड़े धैर्य का काम है
और मैं उस धैर्य के साथ ही इस समय को बदलते देखना चाहता हूँ
क्योंकि इस समय जो समय है
यह बड़ा हीं क्रूर समय है
और जो थोड़ा इससे शायद भिन्न होगा
वह अभी दूर समय है
पर मध्य इसके जो समय है
सोचता हूँ मैं अक्सर की
यह समय भी क्या समय है

स्कूल का बस्ता

हर रोज़ अपनी हत्या होते देख हँसता हूँ मैं
हाँ साथी तुम्हारे स्कूल का बस्ता हूँ मैं
वही बस्ता जो था कभी रास्ता
तुम्हारे सारे सपनों का
जिसके साथ तुम्हारा
कभी संबंध ही नहीं रहा अपनो सा

याद है
हर साल जब तुम मुझे अपने घर लाते थे
मुझ पर नया खोल चढ़ाते थे
और मेरे पन्नो को इतने संभाल कर पलटते
की कहीं एक खरोच न आने देते
हाय मुझ से इतना स्नेह
मैं तो फुले न समाता
सबके सर चढ़ इठलाता
संदेह में रहता था
की कहीं हूँ तो नहीं मैं बनीय का बही खाता
वरना भला कौन मुझे यूँ तिजोरी में छिपाता
कौन मुझको तुमसे छिनता कौन मुझे चुराता
और मैं भला उसको ऐसा क्या बताता

कलम से मुझ पर नहीं एक रेखा खींचते थे
रंगनीयों से मुझको सजाया करते थे
मैं उसी छण तुम्हें अपना मान बैठता था
जब मेरे पहले पन्ने पर सुंदर अक्षरों में
तुम अपना नाम लिख
मुझ पर अधिकार जमाया करते थे

हर साल स्कूल का वह पहला मास

मेरे लिए बहुत उत्साह भरा रहता था
क्योंकि तुम मुझ से सिर्फ तब तक ही
इस तरह शर्तरहित प्रेम जताया करते थे
उस मास मैं कैसे न इठलाता तुम्हीं तो
मुझको ताड़ के पेड़ पर चढ़ाया करते थे
उसके बाद जो फिर मिला न मुझे कभी
उस तरह के स्नेह से
मेरा आत्मविश्वास बढ़ाया करते थे।
मैं तो उसे प्रेम ही मान बैठा था,
पूछो वेदों से मैं उनको भी ऐठा था
पर फिर अगले ही मास
तुमने भरी कक्षा में मुझे उँगली पर नचाया,
फिर तुमने धड़ाम से बेंच पर पटका
मैं उच्चल कर गिरा जमीन पर
तुमने देखा मुझे पर तुरंत न उठाया।
हँस रहे थे सभी मुझे गिरा देख कर,
यह देख कर मेरा तो गला ही भर आया।
पर रोका मैंने खुदको मैं न रोया।
फिर पाँच मास तक
मैं कभी स्कूल के बेंच पर तो
कभी तुम्हारे घर के टेबल पर लेटा हीं रहा,
पर मैं कभी नींद से न सोया।
पाँचवा मास बड़ी तेजी से भाग रहा था
पर धीरे- धीरे तुम्हारा मेरे प्रति फिरसे
प्रेम जाग रहा था
मैं जरा ठिठका तुमसे थोड़ा बिदका
पर फिर भूल सारी रंजिशें
मैंने अपनी दोनों बाहें खोली हृदय से लगाया
अपने गोद में लिए मैंने
तुम्हें वह परीक्षा उत्रीण कराया
अब मैं मान बैठा की अब हम अपने थे
पर अगले ही दिन तुमने फिरसे याद दिलाया
की यह सिर्फ मेरे सपने थे
फिर चार मास तुमने ठीक वही किया
जो तुम हमेशा से करते आये थे,

मुझे पटका, नचाया पन्नों से झुलाया,
और नहीं मन भरा सिर्फ उतने से तो
कभी- कभी जुठा खाना भी गिराय
इतने महीने इस कोने से उस कोने
तुमने मुझको फेका
तो क्यों पास कराउं यह परीक्षा तुम्हें मैं
क्या मैंने लिया है इसका कोई ठेका
परीक्षा के करीब आते हीं
तुम फिरसे मेरे करीब आने की
कोशीश करने लगते थे
पर अब मैं जनता था की
तुम प्रेम नहीं बस मुझे छल रहे हो
पर मैं यह भी यह भी जानता था की
तुम मुझ पर ही तो पल रहे हो
मैं तुमसा नहीं
मैंने हृदय बड़ा किया
तुम्हें फिर से एक बार और मुझे छलने दिया,
और तुम पास हो कर चले गए,
आगे बढ़ गए,
मुझे छोड़ कर, मेरी बातों को छोड़ कर,
मेरे यादों को छोड़ कर
कभी पीछे मुड़ देखा ही नहीं तुमने की
मैं कितना जरूरी था तुम्हारे लिए
खैर अब जब तुम स्कूल नहीं जाते
तो मैं भी अब न बेंच पर बैठता हूँ
न तुम्हारे साथ तुम्हारे टेबल पर,
अब मैं तुम्हारे अलमारी में पड़ा रहता हूँ
धूल की कंबल में लिपटा हुआ,
नहीं मैं कोई शिकवा नहीं कर रहा तुमसे
अब भला किस बात की शिकायत
तुमने तो कम से कम अपने घर की
अलमारी का दो गज हिस्सा दिया है मुझे
साथ ही ओढ़ने को धूल की मखमली कंबल
वरना तुम्हारे नस्ल वालों ने तो
मुझे बेच ही खाया है।
मैं जानता हूँ मेरे कुछ अपने साथियों को
जो किराने के दुकान में अब मिश्री दलमोट

ढोने का काम करते हैं,
तुम्हें पता है
स्कूल खत्म होते हीं पहली दिवाली पर
जब उन लोगों ने मुझे बेचा तो
मैं तो मन ही मन मान हीं बैठा था
की मेरा भाग्य श्याद
इस कबाड़ खाने में आना ही है

जानते हो
कबाड़ खाना किताबों के लिए
कसाई घर से कम नहीं।
दरसल यह सिर्फ तुम लोगों की गलती नहीं
इसमें वह भी शामिल है
जिसने कभी हमारा ठीक से मेरा परिचय ही नहीं कराया
वह भी तुम्हारे ही जैसे बस
अपनी ड्यूटी पूरी कर चला जाता था।
सोचता हूँ
की क्या तुम्हारे बिरादरी के लोगों को
लायक बनाने का यही उपहार है?
क्योंकि तुम और तुम्हारे सग
प्रथम नहीं थे न अंतिम हो यह करने वाले।
आखिर यह क्या मतलब है
क्या सच में तुम लोगों ने मुझे पूर्णतः समझ लिया है
जान लिया है मेरे अंदर के सारे रहस्यों को।
तुम और तुम्हारे लोग
जिस तरह मुझ से दूर भाग रहें हैं
विकसित होने के नाम पर मेरी जो
दुर्दशा कर रहें हैं क्या मैं इसी योग्य हूँ
हर रोज़ जो तुम अपना ईमान बेच आते हो
क्या वह मेरे छाती में खंजर घोपने जैसा नहीं है,
क्या तुम्हारा यह आचरण मेरी हत्या करने जैसा नहीं है

खैर
अब हर रोज़
अपनी हत्या होते देख हँसता हूँ मैं
हाँ साथी तुम्हारे स्कूल का बस्ता हूँ मैं

दुब घास

कमाल है यह दुबिया घास भी
दुआरि पर उग आये तो
इसे काटे बिन नहीं रहा जाता
और यदि पूर्णतः ही कट कर साफ हो जाए
तो फिर उसके बिन दुआरि ही नहीं सोहाता
उसका बेसब्री से इंतज़ार बना रहता है
तब- तक जब- तक की वापस न उग आये
पर फिर उसके आते ही
उसे काटने के लिए मन अकुलाने लगता है
कितनी विचित्र दुविधा है दुबिया की भी
वह उगे तो दोष, न उगे तो दोष
हर प्रकार से दोष तो दुबिया का हीं
क्योंकि दुबिया उस पर आरोप लगाने वालों के जैसे
बड़ी जीभ निकाल कर
अपना पक्ष नहीं रख सकती,
अट- पट जो- तो जब- तब नहीं बक सकती
और यदि बोल भी पाती तो
प्रश्न है की
क्या उसके पक्ष को सुना जाता,
क्या उसकी जरूरतें समझी जाती,
क्या उसके दृष्टि से भी समझने का प्रयास होता
सम्भवतः इसके सम्भव होने की सम्भावना
कम ही लगती है
मैं बालकनी और बाल्टी में
जबरदस्ती की उगाई दुबिया की चर्चा नहीं कर रहा हूँ
प्रकीर्ति के गोद में उगने वाली
वह सामने के दुआरि की दुबिया,
आर और लिख के किनारे की दुबिया
मैं इनके प्रति जिज्ञासा रखता हूँ,

सोचता हूँ
कल को यह यदि बोलने लगे तो
क्या मैं इनके बातों को महत्व दे पाऊँगा,
क्या मैं इनका दुख इनकी बातें उस शांति
और धैर्य से सन पाऊँगा
जिस तरह से यह
मुझे वर्षों से सुनते आ रहें हैं

माघ के मलमली में
जब दुबिया पर झूलते ओस के बूँद
पैंट की कोरी या जूते चपलों को भींगा देते हैं
तो अंसा के दुबिया गरियाई जाती है,
और कुछ माह बाद जेठ के दोपहर में
जब तपती आर पर दुब नहीं रहती
और धुप का ताप इतना की
महँगे जूतों के बावजूद तलवे जला दे
उस वक्त भी गरियाई दुबिया ही जाती है
परंतु बड़ा ही विचित्र विरोधाभाष अनुभव होता है
तब जब इतनी गरियाई जाने वाली,
दुत्कारी जाने वाली, दोषी, पापी दुबिया के बगैर
गजानंद, विनायक, स्वयं प्रभु गणेश
की भी आराधना अधूरी रह जाती है

हाँ ऐसा नहीं की दुबिया में दोष नहीं,
पर ऐसा भी नहीं की दोष बस दुबिया में हीं है
हल्के हवाओं में लहराती वह,
मंत्रमुग्ध अवस्था में कितनी मोहक लगती है
पर तभी कोई नई जूतों वाला लथेर
लम्बे- लम्बे डेग फेकते हुए
आकाश ताक चलता हुआ
उसका दलन करता है
उसके सौंदर्य का दमन करता है
उसके स्वतंत्र हो लहराने के अधिकार को कुचल देता है
और यह होता देख बाकी घास
आँख में धूल पड़ जाने का ,

पेड़ अपने ऊंचाई के कारण न देख पाने का

और सारे फसल मोतियाबिंद होने का
बड़ा ही साराहनिये बहाना देते हैं
पर बात बनाने से क्या होगा
जब शोक उस हवा के तरह
बस छण भर का था
जिसमें कुचले जाने से पहले
दुबिया लाहरति हुई गीत गा रही थी

मैं बड़ा अचरज में रहता हूँ,
की कभी कुचल दी जाती है
तो कभी कुदारी से छिल कर फेक दी जाती है,
कभी हसुआ से काट ली जाती है
तो कभी पशु ऐसे ही चर जातें हैं
पर वह फिर उग आती है
और ऐसा नहीं की वह दुबारा उगती है
तो काटें लिए उगती है
ताकि प्रतिशोध पूर्ण कर सके अपना,
क्या उसके मन में प्रतिशोध का भाव नहीं जगता
हम कथित तौर पर जो मानव हैं
हम में तो सबसे प्रबल यही भाव है,
हर छोटी बड़ी बात पर ढेला उठा
कपरफोडलवल के लिए तैयार हो जाते हैं
पर यह दुबिया इसका आभास होते हुए भी
की फिर उसे वही भोगना पड़ेगा
इसके बावजूद भी वह
बिन काँटों के उग आती है,
कितनी उदार है यह,
मैं इसकी सहनशीलता को समझ नहीं पाता हूँ,
मेरे ख्याल में उसे
गोरखुल से कुछ सलाह लेनी चाहिए
या फिर मेरी माने तो
उसे बबुर ही बन जाना चाहिए
मेरे बबुर बनने को कहते ही
अपने पतले शरीर पर
सुबह की शीत की बूँद लडखडा कर सम्भलती हुई

बोली

'' बबुर क्यों यदि ऐसा ही बनाना है तो बेर बन जाती हूँ न
क्या पता श्याद कोई सबरी मुझे राम तक पहुंचा दे ''
उसकी राम के जूठन होने की लालसा सुन
मैं उस वक्त सकोचया हुआ
मुस्कुरा कर रह गया,
कुछ देर के घोर सनाटे के बाद मैंने कहा
सुनो तुम दुबिया ही रहो,
बेर बबुर बनने की जरूरत नहीं,
तुम दुबिया ही ठीक हो,
दुबिया खिल-खिला कर हस्ती हुई बोली
इसीलिए तो मैं हर बार
बिन काटों के उग आती हूँ,
क्योंकि दुबिया होना ही मेरी पहचान है।
कमाल है यह दुबिया घास भी

हाँ मैंने ही

कई झूठ ऐसे,
बोला मैंने जैसे
न जाना किसी ने,
न पहचाना किसी ने,
जितनो ने भी सुना
सच माना सभी ने

कुछ लडियाँ बिखेरी,
कुछ कडियाँ उलझाई
झूठ की जमींन पर
मैंने चादर बिछाई
निकली चादर निकम्मी
जब टांगे फैलाई

तो पहले झूठ की मोती बिखेरी
फिर बटोरा बाहारा
खुले आम मैंने खुदको को खंजर मारा
धधक रहा था मैं उबल रहा था पारा
झूठे को कभी दिखता नहीं कोई चारा
मुझे है कईयों का,
पर मैं नहीं किसी का सहारा
हर बार मैंने सब सुना समझा
और फिर बात टारा
बादलों के तले छुपता रहा ध्रुव तारा
दबे पाँव आ कर, मुह दाब के,
हाँ मैंने ही खुदके पीठ में खंजर मारा

तुम्हारे बस में नहीं

इतने सरलता से
तुम्हारे समक्ष शीश झुका दूँ
यह मेरे नस में नहीं,
और रोक दो तुम उदय मेरा
ब्रह्मा यह तुम्हारे बस में नहीं
बस में नहीं तुम्हारे
मुझको समरपण का पाठ पढ़ाना
सीख लिया मैंने तुमसे प्रभु
फरक्वासि को गाठ बनाना
सिखा है तुमसे और बहुत कुछ
सिखा है लमहर- लमहर बात बनाना
की अब निकलो भी अपने भरम से बाहर
ब्रह्मा तुम्हारे बस में नहीं
उगते सूर्य को निगल पान
अजी प्रभु थोर हुआ होता अन्याय
तब न मैं चुप रहता
सह रहे हैं जैसे सब,
मैं भी खुदको कोस सब सहता
जैकारा लगा रहे सब शैतान,
मैं भी उनमें ही जय कहता
सुख जाते ये नेत्र मेरे भी
इन में से एक बूँद भी न जल बहता
अजी थोर गलत किये होते प्रभु
तब न भला मैं सहता

रात हो चुकी है

रात हो चुकी है,
आधी रात हो चुकी है,
काफी ज्यादा रात हो चुकी है
हालाँकि शहर के लिए
अभी बस रात हो चुकी है,
इस शहर के जिस कोने में मैं रहता हूँ
वहाँ भी थोड़ी रात हो चुकी है,
पर जहाँ से मैं आता हूँ,
जहाँ मेरी जड़ें हैं
वहाँ बहुत अधिक रात हो चुकी है,
पर इस रात का उस अंधेरे से
कोई लेन देन नहीं है,
जो शरीर के भीतर ह्रदय में,
मस्तिष्क को घेरे हुए
चौबीसों घंटे सालों भर मौजूद रहता है
और उसी अंधेरे में उलझ कर
शिराओं से फुट कर रात में रक्त
इधर- उधर से बहता है
निसंदेह कोई आवाज़ नहीं
उस बहते रक्त की
पर रात और रक्त हमेशा ही
बहुत कुछ कहता है

मेरे गाँव में झींगुर की झंकार,
मेंढकों का टर- टर और

घर के सामने थोड़े दूर लगे बाग़ीचे से

सियारों की हुआं- हुआं
रात के आरंभ होने की घोषणा हुआ करती थी
यह सब अभी भी होता है
पर अब इसका उतना महत्व नहीं
क्योंकि अब
सियारों की एक नई प्रजाति पनप आई है
जो मेरे घर से दूर बगीचे में
हुआं- हुआं के बदले
अब मेरे दुआर के ठीक सामने से
होएं- होएं करते हुए रात भर आते- जाते हैं
थोड़ी और अधिक रात होते हीं
मेरे घर के ठीक पीछे वाली बासवाडी के
फुलूँगी पर एक उल्लू बैठा करता था
वह अब अपने परिवरजनो के साथ
शहर को पलायन कर आया है
यहाँ उल्लुओं की संख्या ज्यादा है
तो श्याद वह खुद को सहज महसूस करता है,
और अब क्योंकि वह शहर आ गया है तो
वह ख़ुद के नाम में प्रगतिशील जोड़ने लगा है
अब वह देहात के पिछड़े विचार वाले गाने नहीं सुनता
अब वह
सूट- बूट वाले मानसिक रोगियों के गाने सुनता है
जिसमें, औरतों और प्रेम को वस्तु के तरह केंद्रित कर
नीचा दिखाने की होड़ सी लगी है,
जिसमें मार- काट उठा- पटक धूम- धड़ाम
और हर तरह से घृणा फैलाने की
पुरजोर कोसिस होती है,
अब उल्लू खुद को रंग कर
प्रोग्रेसिव दिखने तो लगा
पर यदि वह प्रगतिशील हीं हो जाए तो फिर
वह उल्लू कैसे।
मेरी आजी एक जानवर के बारे में कथा कहा करती है
उसका नाम खेखर है
जो हमेशा हस्ता रहता है,

मुझे लगता की वाह! क्या मस्त जानवर है

जिसे कोई दुख का आभास ही नहीं
हस्ता फिरता हैखुश रहता है।
पूरे बचपन मुझे वह आकर्षक लगता रहा।
पर कुछ वर्ष पहले
जब उल्लू शहर में पलायन कर आया
तो साथ खेखर को भी लाया था।
अब रात को गाँव में उल्लू बांस पर
बैठा नहीं दिखता पर यहाँ शहर में उल्लू
और खेखरों के वारिस घूमते हैं
रात रात भर मेरे गली में,
और अब रात हो गयी है का आभास
होने लगता है तब- जब
वे घर के नीचे बैठ सिगरेट, गांजा, चरस
और तमाम अन्य चीजों के धुयें
अपने प्रोग्रेसिव बनने के लिए उड़ाते है
जो मेरे कमरे में आता है
और जलाता है मेरे आँख नाक को,
दबाता है
मेरे गले को
पर नहीं ऐसा नहीं है की सिर्फ
मेरे ही कमरे में यह आता है
ऐसे कई अनगीनत कमरे हैं
जिसमें भर जाता है यह धुआँ
और तब भी दम घुटते हुए भी
चुप रहने को लाचार पड़े रहते हैं
भीतर के अनप्रोग्रेसिव लोग,
लाचार इसलिए
क्योंकि अगर हिम्मत कर
एक बार रिपोर्ट करने चले भी जाओ
तो वहाँ शाहब खुद धुत रहते हैं
और क्यों न रहे भाई
थोड़ा सा धुत होने का अधिकार तो
उनको भी हैं ही
आखिर उनके सर इतना काज जो रहता है,
किन्हीं और साहब के तलवे चाटने होते हैं,

फिर उन शाहब के कुपुत्र जी के
कुकर्म छुपाने को
किसी और के सिर दोष मढ़ना होता है
किसी को फसाना होता है
किसी को धमकाना होता है
और थोड़ा समय मुहूर्त देख कर
फाईन के नाम पर जजमानों से
दक्षिणा वसूलना होता है
और दक्षिणा बिना धर्म जात कपड़े
या आर्थिक स्तिथि देखे वसूला जाता है,
कुछ दिनों पहले मैं अखबार पढ़ रहा था
लिखा था एक लड़के पर
राजद्रोह का आरोप लगा है
अपराध है की उसने राजतंत्र पर
प्रश्न चिन्ह लगाने का प्रयास किया,
मैंने उतना ध्यान नहीं दिया उस पर
यह तो साधारण बात है
होते ही रहता है,
अगले ही पन्ने पर एक और खबर थी
जिसमें सूचित किया जा रहा था की
गांजा और उसके और भाई बहन सब गैर कानूनी है
हमारे देश में,
मैं हँस पड़ा
बगल में बैठे मेरे साथी ने
हँसी का कारण जानना चाहा,
बताईये भला ये हँसने की बात नहीं
की बोलना- आवाज उठाना और
प्रश्नचिन्ह लगाना जो लिखित रूप से
अधिकार है
उसके खातिर राजद्रोह
और गांजा चरस और इनके सभी भाई बंधु
जो लिखित तोर पर गैर कानूनी है
वो कानून के संरक्षण में किये जा सकते है,
क्या कहा जाए इस प्रोग्रेसिव समाज को,
शायद यही विविधता में एकता है।
मुझे यश मालवीय का वह गीत याद आता है

"धुत है नशे जो में उनकी कहें क्या
होश वालों को सम्भाला जा रहा है"

खैर फिल्हाल रात हो चुकी है
अब मुझे भी आँख बंद कर ही लेना चाहिए
हालाँकि यह अंधेरा
तो कल सवेरे खत्म हो जाएगा
परंतु उस रात का क्या
जो सूर्य के सर पर चढ़ आने से भी
खत्म नहीं होता
जो दिन पर दिन
समाज और मन में
अंधेरा बढ़ाये जाता है
जिसके कारण रात हो चुकी है,
आधी रात हो चुकी है,
काफी ज्यादा रात हो चुकी है

धर्म का ढेला

हमारे यहाँ बहुत भावनात्मक लोग हैं
और हम सब एक बड़े भावुक समाज में रहते हैं,
इतने भावुक की
कुछ दिन पहले बीच बाजार में
सरे आम सड़क पर
एक लड़के को किसी के कुछ
निहाइति नालायक और कायर औलादों ने
झुंड में घेर कर सिर्फ इसलिए हत्या कर दिया
क्योंकि उसने जात धर्म से आगे बढ़ प्रेम चुना था,
बताओ भला कितना अश्लील काम किया था
उसके साथ तो ऐसा ही होना चाहिए था,
जान बुझ कर हमारे भावनाओं को
ठेस पहुँचाने के मंशा से ऐसा किया होगा,
वरना हम इतने भावुक हैं की
किसी की बेटी के लाश को जबरन
पोशाक धारियों नें आधी रात को जला दिया
और हम भावनाओं में चुप रह गए,
खैर हमे क्या
वह तो वैसे भी मर गयी थी
घर वाले दाह संस्कार करते
या पोशाक धारि जार- जुर के खत्म कर दिये
सब एक ही बात है
और वैसे भी हमारी थोड़ी कोई थी
जो इतना माथा घिसे उसके चकर में,
आखिर हम भावुक समाज के
प्रबुद्ध भावुक लोग है
अपनी भावनाएं ढंग के जगह पर खर्च करते हैं,
आपने गौर किया,

मैंने कहा हम "प्रबुद्ध" लोग है,
जी हाँ ऐसे प्रबुद्ध
जो अपना विवेक हथेली पर लिए घूमते हैं
स्कूल, कालेज, साहित्य विज्ञान की किताबें
या धर्म ग्रंथ तो बहुत दूर की बात हो गयी
चुटकुले तक के किताब पुरा पढ़ने में
नानी मरने लगे ऐसे प्रबुद्ध,
आज अचानक उन्हें ब्रंभ ज्ञान की
प्राप्ति हो आई है,
स्वयं ईश्वर ने उनके कान में आ कर
फुक दिया है की उसके रक्षा की
उसे सम्मान दिलाने का ठेका
सब कनपातर लोग के कंधे पर है
और कनपातर भी ऐसे वैसे नहीं
इतने कनपातर की चुटकी बजाओ
तो तम्बुरा सा सुनाई देता हो,
आज अचानक,
नहीं शायद जान बुझ कर
काठ के पुतलों में भावनाएं जगाई गयी है
और इतना ही नहीं
न जाने ये कैसी भावनाएं है
जो जागते हीं आहत भी हो गयी हैं
और क्योंकि अब भावनाएं आहत हुईं है
तो उन्हें अधिकार मिल गया है
उपद्रव करने का
जिसे वो विरोध प्रदर्शन कहते है,
शायद उनके विरोध की परिभाषा
शब्दकोश में "दंगा" नामक शब्द से मेल खाती है

"विरोध" यह अपने आप में एक पुरा अध्याय है
और इस शब्द के साथ आता है
एक ईउजर मैनुअल
उसे इस्तेमाल करने की संपूर्ण
विधि विधान के साथ,
कब इस्तेमाल करना है, और कैसे करना है
कब विरोध को दंगा

और दंगे को विरोध कहना है,
कब मोमबत्ति ले कर विरोध करना है
और कब उसी मोमबत्ति से
दूसरों के घर जला के,
कब फुल दे कर विरोध जताना है
और कब ढेला चला के,
इतना सब समझना पड़ता है
एक शब्द के पीछे
तो फिर भला मै इन्हे प्रबुद्ध क्यों न कहूँ

वैसे आज मेरे शहर में भी
ढेला मार विरोध हो रहा है
आप चाहें तो अपने सुविधा अनुसार
दंगा भी कह सकते हैं,

आज सुबह तक जिनके पास खाने को
एक दाना नहीं था ,
और कल रात भी
वे पानी पी पेट पकड़ सोये थे,
दोपहर तक उनके कंधों में
अथाह बल आ गया है ढेला मारने के लिए,
मामला है की उनके ईष्ट की मानहानि हुई है
तो अब उनके सम्मान की क्षतिपूर्ति के लिए
हत्यायें करनी है,
जिनके घर में गोले- बरुद सहेजे हुए थे
उन्होंने बम उठा लिया है,
जिनके घर में पिस्तौलें थी
वे ट्रिगर पर उंगली फसाये निकल आये है
और वे जिनके यहाँ कुछ न था
उन्हें पकड़ा दिया गया है पथर,
जिसे फेक वे आराम से
अपने भविस्य की हत्या कर सकते है,
और यदि हत्या न भी कर पाए
तो अधमरा तो कर ही देंगे,

हालाँकि यह मेरी दुष्टता है,
पर मैं सोचता हूँ की यह कौन से ईश्वर हैं
जिन्हें अपने सम्मान के लिए हत्यायें करानी पड़ती हैं,
जिन्हें स्थान के लिए दूसरों का घर तोडवाना पड़ता है
जो महंगे चढ़ावे ले कर लोगों की ईक्च्छाएँ
पूरी करते हैं,
कौन ईश्वर हैं य जिन्हें दिन में दस बार
भोंभा लगा गला फाड़ कर पुकारना पड़ता है
ये कौन से ईश्वर हैं
जो इस तरह से भेद भाव कर रहें हैं
क्या ये डिजिटल युग के मोर्डन ईश्वर हैं
जिन्हें प्रेम,प्रसाद, भजन- भाव के बदले
बम बरुद्, ढेला ईटा,
गरियाना लतियाना रास आता है,
क्योंकि मेरी आजी ने जिस ईश्वर से
मेरा परिचय करवाया था
वे तो बिल्कुल ऐसे न थे,
तो फिर ये कौन से ईष्ट है
जो प्रेम के भूखे नहीं,
खून के प्यासे हैं,
कौन है ये जो किसी मुर्ख के
दो अपशब्द को अपना मानहानि समझ
हत्या करवाने पर उतारू हो जाते हैं
जिन्हें उनके प्रेमी नहीं गुंडे चाहिए,

और यदि ऐसा नहीं है,
वह ईश्वर आज भी बदला नहीं है
तो फिर वे जो उसके नाम पर
अपना धंधा चला रहे है,
लोगों को अनपढ़ बना रहे हैं,
और वे भी जो आँख मुंद आका के तलवे चाट रहे हैं,
हत्यायें कर रहें है
उनका कैसे कोई धर्म हो सकता है

क्योंकि कोई भी हिंसा धार्मिक नहीं हो सकती,
और कोई भी धर्म हिंसा नहीं सिखा सकता,
जी हाँ यह सब बातें अपनी जगह ठीक होंगी
पर फिल्हाल हमारे ईष्ट का अपमान हुआ है
किसी ने अपशब्द कहा है,
हमारी भावनाएं आहत हुई हैं,
और आप तो जानते ही है की हम
एक "प्रबुद्ध", "जागरूक" भावुक व्यक्ति हैं
इस भवनात्मक समाज के
इसलिए मुझे आप अभी आज्ञा दीजिये,
क्योंकि मुझे अपने धर्म की हत्या कर
ढेला मारने जाना है

कूडेदान में

मुझे चाहिए वही नेता
जो दबाये मुझे हर रोज़ पैरों तले
चाहे खाने को टूक रोटी भी न दे भले
पर मेरे अधिकारों को निरंतर याद से दले
प्रतिरोध की सभी आवाज़ों को
निरंकुश हो कर के कुचले

मुझे चाहिए वह लोहे की मूरत
जो केवल धन की उष्मा से गले
मुझे चाहिए वे सारे कलम
जो सब देख कर भी न चले

मुझे चाहिए वह रक्षक
जिसकी हिंसा कभी कम न हो
झुंड का हो वह एक चेहरा
अकेले लड़ने का दम न हो
मुझे चाहिए वे समर्थक
जो कहें न्याय कभी सम न हो

मुझे चाहिए वह कवि
जिसकी संवेदना मर चुकी
मुझे चाहिए सभी चेतना मृत आत्माएं
जो बर्बरता देख न हो दुखी
मुझे नया रंग चाहिए मेरे छत के आसमान में
मुझे उपर लिखे सभी चाहिए
मेरे घर के कूडेदान में

इतना बल कहाँ है

फैली हुई थी लालिमा
बूढ़े कलम की सायही सी
बैगनी थोड़ी झाँकती थी
स्वयं निष्ठा की कुची से
प्रकृति श्याम आँकती थी
बाकी रंगो की टोलियाँ
दूर कहीं से ताकती थी

कुछ लुप्त थी अदृश्य थी
या कहो की ना ही थी
बादलों के उपर भी
कमाल की नकाशी थी
किसी चित्रकार की साधना नहीं
यह कला अकाशी थी
जैसे उस पर नज़र गयी
स्तब्ध हो नेत्रों ने कहा
"अद्भुत..
इसी की तो मैं प्यासी थी"
"इस शहर के पिंजड़े में,
पथरों को देख कर उब चुकी हूँ
सच कहूँ
तो इनके दरार गिनते- गिनते
मैं इन्ही में कहीं डूब चुकी हूँ
आभारी हूँ तुम्हारी
जो तुमने मुझे इस ओर मोड़ा
मोहक है यह दृश्य नव"

अरे मेधा! तुम कहाँ चली?

मुसकुराइये और सोचिये

ये दक्षिण पश्चमी हवाएं
ये बंगाल के खाडी में उठते चक्रवात
इन सभी को विश्वास है
की एक दिन ये मुझे
अपने हृदय से लपेटे,
बाहों में बाहें फसाये
अपने तेज हवाओं के साथ
मुझे उड़ाये लिए चले जायेंगे
यहाँ से दूर,

कुछ दिन पहले तक
उतर पश्चिम की तपती धूल से लदी हवाओं को भी
अपने पर भरोसा था
की वे मेरी नमी को सुखा देंगी
आज मैं नम खड़ा हूँ
अब ढुंढता हूँ
कहाँ है वो हवाएं जो मेरी नमी सोखने आईं थी
मैं प्रतिक्षा करता हूँ उन चक्रवातों का
जो दावा करते हैं मुझे घसीटते हुए
ले जा कर कहीं फेक देने का
अफसोस की वें सभी ढीले पङ गये
मुझे छूने से पहले
मैं बरखा लिए द्वार पर आये इन हवाओं का
संपूर्ण हृदय से स्वागत करता हूँ
परंतु काफी दूर की यात्रा के कारण
श्याद मुझे उड़ाए लिए जाने की बात करने वाली
इतनी कमज़ोर पड़ गयी है की
मुझे धकेल भी न पाती है
न भर मन बरस कर मुझे डूबा पाती है

मैं यह झुंझलाहट समझ पाता हूँ
खैर मैं इन सभी के पहुँच से बहार आता हूँ
मुसकुराइये
की हवाओं की भी सीमाएं हैं
सोचिये
कि हवाएं भी बंधी हैं

सबका आभार

कुछ शब्द ऐसे गूंजते हैं
ज्यों गूंजता होगा क्रूरक्षेत्र में
अर्जुन की प्रत्यंचा का टंकार
मुझे अब तक न कोई द्रोंण दिखे
न मिले ही परशुराम
पर जो भी मिले सबका आभार
उनका भी जिन्होंने कहा
है भाग्य मेरा अंधकार

ऐसे भी भला गुरु होते क्या
जिनकी कामना हो शिष्य का पतन
छोड़ो बात पुरानी हुई
न करते इसको और सघन
वरना होते तो ऐसे भी है
जिन्हें दिखता न कुछ सिवाय धन
खाक हो जाते है जिनके
दृष्टि मात्र से कई अनमोल रतन
है कुछ शब्द जो आज भी
करते है कानों में टन टन

वे जो सोचते है की मैं सिर्फ मेरा दुख गाता हूँ
आओ बैठो सुनो मैं तुम्हें कुछ बताता हूँ
चित्कार नहीं
मैं मेरे अंधकार पर अभिमान करता हूँ
अरे यही तो है वह जिसकी दया से
हर रोज़ हार कर थोड़ा और निखरता हूँ
तो क्यूँ नहीं ऐसे मुहूर्त की कथा सुनाऊँ
क्यों न मेरे सूर्य को मैं गीत गा जगाउँ

द्वेष कलेश मन का अवसेश्
मैं अपमान नहीं करता किसी के भेष भूषा का
आदित्य पर किसका अधिकार अधिक है
संध्या का या उषा का
अरे प्रकाश हूँ मैं स्वयं ही
प्रतिक्षा नहीं मुझे किसी प्रत्युषा का
की वह आ मेरा जीवन अंजोर करेगी
लडखड़ते इस जीवन का डोर धरेगी
या मेरे मरुआस्थली आँखों में लोर भरेगी

हे केशव

कुछ भी मधुर नहीं है माधव
न बचा कोई राग है राघव
अजी अभी अभी तो फसल पके थे
की लो बरखा आ गौ
इस झड़ से तो फसल न डूबे
लेकिन आग लगा जीवन में
आग तो फिर भी कल को बूत जाएगी
पर कैसे मिटेगा वह दाग जो लगा है मन में

कुछ भी मोहक नहीं है मोहन
नाहीं कोई साथी सोहन
कहाँ से तुमको दूँ गोरस
जब निज को है चाउर-धोअन

अजी कैसे भला मैं भेद करूँ
जब करते सभी प्रसपर दोहन
नहीं है कुछ भी मधुर हे माधव
नहीं है मोहक कुछ मोहन

ठग

तब जब जरूरत थी की
मैं लडूं अपने नियती से
भाग्य को सवाँरने के लिए
मैं मुहदोबरों सा पीठ घुमा कर भाग चला
तब जब जरूरत थी की
मैं खड़ा हो कुछ बोलूँ सत्य की जय के लिए,
मैंने मुहचोरों सा अपनी जीभ को
उपर तालु में चिपकाए रखा
तब जब जरूरत थी मैं थोड़ा साहसी बनू
तो मैं हरदम डरता रहा
जब जरूरत थी की मैं धूमिल पड़े
सारे सपनों को दुबारा देखूँ
उन्हें फिर से जीवित करने के लिए
तो मैं रात भर जगा रहा उन्हें मारने के लिए
और जब- जब जरूरत थी की मैं परिश्रम करूँ,
नव पथ के निर्माण के लिए
हर बार मैंने शरीर को कष्ट होने के डर से देहचोरी की,
और फिर धीरे- धीरे मैंने हर प्रकार की चोरी की
मैंने स्वाभिमान को धकेल दिया
मेरे बड़े बाउजी के दुआर पर के कूँये में
और फिर उसी कूँये की दीवार की दरारों में
उँगली फसा कर लटके कपट को
मैंने हाथ बढ़ा बाहर निकाला
और अपना साथी बना लिया

तब- जब जरूरत थी की कोई कला सीखी जाए,
उसमें पारंगत हुआ जाए ,
तो मैंने सीखी ठगी और बना ठग

बहुत बड़ा ठग
इतना बड़ा की कब मैंने सबको लूटते छलते
खुद को ही ठग लिया
इसका मुझे आभास तक न हुआ
पर मैं ठग हूँ
और इस नाते यह तो एकदम साफ है
की मैं किसी का सगा नहीं हो सकता,
खुदका भी नहीं
मुझसे इस तरह की मुझे कोई अपेक्षा
होनी ही नहीं चाहिए थी
खैर अब जब मैंने ठग लिया है खुदको
तो छाती पीटते फिरता हूँ
हालांकि उससे कुछ बदलाव तो न आया
उल्टे बार- बार पीटने से चोट घाव बन चुका है

अब जब जरूरत है उस घाव को फोड़ने की
तो उसकी फटने की पीड़ा से घबरा मैं धीरे- धीरे उसमें और
मवाद भर रहा हूँ
और उसे पाल पोष के और बड़ा कर रहा हूँ

और अब- जब जरूरत है की मैं स्पष्ट रहूँ
कम से कम खुद से
तो अपने दिमाग की उपज में उलझा पाता हूँ खुद को
मैंने इस तरह ठग लिया है मेरे सुध को

बाबूसाहेब की दिनचर्या

मेरा एक मित्र है,
मित्र कह संबोधित करना उचित न होगा
क्योंकि वह एक अवतार है जो
हर रोज़ की तरह आज भी सुबह देर से उठा
और कुछ देर इधर- उधर घुलटते रहा
इतने में उसके पिता के
काम पर जाने का समय हुआ तो
उसने भी हमेशा के तरह साथ बैठ
उनके खून की आँच पर
पसीने से कमाई रोटी खाई
और फिर मुह बिदुकाते हुए
बड़े चाव से सब्जी में नुक्स निकाला
बिना इस बात की तनिक परवाह किये
की जो अपना हाड़ घिस ये रोटियाँ सेक रही है
और जो अपना शरीर गला इन्हें ला रहा है
वह भी यही खा रहा है
खैर उनके काम पर निकल जाने के बाद
महानुभाव ने कंठेप कसा और मुह बा के
जीव के काल मोबाईल में खिटीर- पीटीर की
कुछ देर में शाहब को नींद आ गयी,
जब बाबूसाहेब की आँख खुली
तो दोपहर हो चुकी थी,
घघुआया हुआ मुह लिए
हुज़ूर ने चार चपातियाँ फिर चबाई
और इस बार किसी एक पुस्तक को
अपने दिव्य हाथों से स्पर्श कर
उसे निर्वाण की प्राप्ति करवाई
फिर कुछ देर प्रभु ने कंठूस लगाया

और थोड़े देर खिटीर- पीटीर किया
इतने में शाम हो आई

शाम,
यानी अब उनके काम से घर वापसी का समय
और हमारे प्रभुवर के अभिनय का।
स्नान ध्यान करके श्रीमान एकदम लीन मुद्रा में
पुस्तक गोद में लिए

विधार्थी होने का पात्र अदा कर रहे थे।
ऐसे नाटकों में हमने कुमार से अधिक प्रतिभावान
किसी और को नहीं देखा
कुमार को ऐसी मुद्रा में देख थक कर चूर प्रजा में
एक आशा की लव जल उठती है
कुछ देर में फिर समय हो आता है
नाट्यधीस् के प्रजा के पसीने से सिंचि,
हाड़ से बेली और लहू की आँच पर पक्की
मुफ्त की रोटियाँ तोड़ने का।
बड़ा हर्षों उल्लास का माहौल बना रहता है,
नौटंकीराज भर ढिंड ठुस्ते हैं
और फिर भर चौकी पसर के
निंद्रा का ध्यान करते हैं,
ताकि अगले सुबह फिर देर से उठ सकें।
आज आँख लाल हो चुकी है
जमहाई रुक नहीं रही
नींद हिलकोरे मार रही है
पर मन अभी सोने का नहीं है
क्योंकि सालों हो गए
सोने लायक कोई काम नहीं किया
जनसमान्य से अनुरोध है
की सचेत हो जाएँ
लगता है
साहब इस बार नया नखडा पसारेंगे।

पूछो तो
चंद्र बैठा यहाँ वहाँ
मंगल ताक रहा जाहाँ ताहाँ
पूछो तो राहु केतु से चोट आया कहाँ कहाँ
शनि महाराज भी बनाये रखे हैं
सभी पर बराबर दृष्टि
और त्राहि- त्राहि किये फिर रही है श्रृष्टि
काला तिल काला कुत्ता
काला जुत्ता लटकाओ दुआरि पर
खुद से न हो पाए तो भार थोप दो मतारी पर
पर हर हाल में उपाय करो
जितना हो सके
जो जो हो पाय करो

सीमित रहो संकुचित रहो
घेरे में बंध उचित रहो
बंधक बन उचित होना है
यदि इतना निर्बल होना है
तो उचित होना अस्वीकार मुझे

ग्रह नक्षत्रों के हिलने से
सूर्य नहीं तेज खोता है
विश्वजयी होने का स्वप्न देखने वाला
विधाता के आसरे नहीं सोता है

अंजोरे में बैठने से कोई नहीं बन जाता सूर्य
सूर्य बनना पड़ता है जल के
पाख लगा के उड़ने से नहीं होता कोई विश्वविजेता
जग जीता जाता है चल के
चलना पड़ता है अंगारों पर काँटों में
मेरे गाँव में लड़कियाँ माटी के पुतले बना तोड़ती थी घाटों में
मेरी माने तो पुतलों के साथ उन्हें
तोड़ देना चाहिए अपने भाई का मुह
जिससे वो दावा करता है
उनकी आवाज़ को बंद कर देने का चाँटों से

इन सबका मैं साक्ष्य बन बैठा हूँ

बोलो मेरा मुँह कैसे बाँधोगे
सिलोगे या साटोगे
अगुआ सारे खटमल बन कर
घुसे बैठे हैं खाटों मे
वे छुपे रहते है पर
निकलते हैं उनके वारिस रातों में
मोबाइल और सिगरेट लिए हाथों में
उस सिगरेट के धुयें से
भर चुका है उनका दिमाग
फिर भी आग नहीं लगता
लेखकों को यह सब देख कर
क्योंकि वे मस्त है
नग्नता पर आँख सेक कर
अब सिर्फ पैसे से ही नहीं
लोग देख रहें है तमाशा ईमान फेक कर

"भाई कितने विउजस् जरा चेक कर"
मेरी कोशिकाओं में है ग्रह नक्षत्र
मैं जानता हूँ इसलिए
मैं बता सकता हूँ कि
इन विउजस् और रेव्यूज़ वालों पर
शनि की दृष्टि है और मंगल भारी है
पर जेब भरने की पुरी तयारी है
क्योंकि इन्होंने बेचा है ईमान
उसका ईनाम इन्हे मिलना निश्चित है
निश्चित है मेरा तिरस्कृत होना
यह सबसे बड़ा सम्मान है ऐसे समाज में
यह सब इतना खुल कर
सिर्फ इसलिए कह पा रहा हूँ आज मैं
क्योंकि मेरे पास पेट भरने के लिए अनाज है
अनाज जिसके बदले मेरे घर के लोगों ने सुखाया है खुन
दो जून की रोटी नहीं
पर गोइठा में सुखाया जा रहा है घीव
बाप घर बैठे खाता मास नोच
बेटा रोज माल्दिव्

यदि शुक्र के सहारे मुझे बनना है ऐसा
तो मेरी राय में शुक्र को मेरी सहायता चाहिए
थोड़ा सुधरने के लिए
क्योंकि महाराज बिन काज
सिर्फ खा खा के मोटा रहे है
लेटे लेटे गा रहे हैं बेसुरा गीत
जिसे सुन कर निकल रहा है
मेरे कानों से पीत
लूट के दान देने से लोग
हो जाते है उदार चित
प्रभु माफ करिए मुझे नहीं बनना इतना ढीठ
क्यूँ मांगना उससे भला कुछ
जिसका है कान बहीर और गहिड़ पीठ

तेरा क्षीर न व्यर्थ होगा

बड़े कर नेत्र अपने
देख क्षितिज के पार देख
खोज उसमें अपने सुत को
कहाँ छुपाये बैठा खुदको
दुर्ग के बंद होते द्वार देख
देख भीड़ हजार देख

देख दूर वहाँ तरंगों मे
है एक शरीर बटा पड़ा अंगों में
कहीं वह तो तेरा लाल नहीं
जिसे खा गया काल कहीं

अफसोस जनक है बात बड़ी
पर विधाता की आलोचना करता था कड़ी
देखो मूर्खता कैसी भारी पड़ी

दूर क्षितिज से पास आ
देख तेरे बगल में ही हूँ खड़ा
किस मूर्ख ने तुझ से यह कहा
की आँख मुंद मैं भी भीड़ में कुद पड़ा

देख इन अशक्त तरंगों को
तुझे लगता है इनमें इतना साहस है
जो बाट सके तेरे पुत्र के अंगों को

कर मत चित्कार तु

तेरा क्षीर न व्यर्थ होगा

है तपन अभी लहू में शेष
तेरा पीर न निरर्थ होगा
घबरा मत की
पय अभी बाकी है
क्षय अभी बाकी है
तु धीरज धर अभी उम्र शेष है
तेरे लाल का जय अभी बाकी है
कंठ फटे पर गले में लय अभी बाकी है
बाकी है अभी तेरे लाल का तपना
लहकना पड़ता है सबको
जो देखते है खुले आँखो से सपना
सपना जो देखा गया हो आँख खोल के
वह मिलता नहीं आँख मुंद के कूदने से
सूर्य नहीं होते सब तारा बन उगने से
धीरज धर की धीर तेरा
स्वयं ही समर्थ होगा
संदेह न कर लेश भी
तेरा यह अंश न व्यर्थ होगा

कर मत चित्कार तु
तेरा क्षीर न व्यर्थ होगा
है तपन अभी लहू में शेष
तेरा पीर न निरर्थ होगा

कोने का कमरा

बरामदे के अंतिम छोर पर
बाएं तरफ एक कमरा है
उसमें पुराने फर्निचर के टुकड़े,
एक बोरी रुई, एक खाली मटका
और एक लोहे का टूटा दरवाजा पड़ा है
कमरे का दरवाजा ठीक से बंद नहीं होता
उसमें एक दरार रह जाती है
जिससे कमरे के अंदर का अंधेरा दिखता है

मैंने ठीक ऐसा ही कमरा
कहीं और भी देखा है
और मैं उस कमरे में झांकने से थर कांपता हूँ
पर मुझे ठीक से याद नहीं कहाँ

दरसल इस तरह काफी समय तक
अकेले छोड़ दिये गए कमरों में
भय का पनपना स्वभाविक है
न जाने भीतर क्या छुपा बैठा हो
अक्सर ऐसे कमरों से कुछ आवाज़ें आती रहती है
हालांकि उन आवाज़ को सुन पाने के लिए
साफ कान चाहिए
लेकिन उन्हें सुन पाना समझने के लिए पर्याप्त नहीं है
ऐसी आवाज़ों को समझना
अपने आप में बहुत गूढ़ काम है

अकसर ऐसे ही कोनासी कमरों में पड़े कबाड़ के बीच

दबा होता है नागमणि
ऐसा ही एक कमरा है

जो मेरे साथ चलता है
पर अब तक मैंने उसमें खोज बिन नही की है

तुम मात्र एक मृगतृष्णा हो

मैं तुम्हें ढुंढते हुए
बंगाल की खाड़ी के किनारे आ पहुँचा हूँ
पर तुम यहाँ नहीं हो
झारखंड के पठारों में से निकले
टीलेनुमा पहाड़ियों से गुजरते हुए,
मैं हमेशा तुम्हें ढुंढता रहा हूँ
कई बार तुम्हारे होने का आभास हुआ
पर तुम नहीं दिखे
मैंने तुम्हें तुम्हारे गाँव के पुरबी वन से ले कर
दक्षिणी जंगल तक छाना
न तुम थे न तुम्हारा साया था
मैंने उन सभी जगहों पर जाने की कोशिस की
जहाँ तुम कभी थे
मैं कुछ तक ही पहुँच पाया
वहाँ तुम्हारे अभी भी होने का एक एहसास था
पर तुम नहीं थे

मैंने चाहा की हावड़ा की उन गलियों से तुम्हें पकड़ लाऊँ
जिनमें से तुम्हारा आना जाना लगा रहता था
पर उन से मैंने संपर्क किया तो मालूम हुआ की वे
अब तुम्हारा चेहरा तक भूल चुकीं है
उनके मस्तिस्क में तुम्हारी एक धूंधलि छवि है
पर उस से तुम तक नहीं पहुँचा जा सकता
कलकता की ब्रिटेनी धरोहरों से सोभित् सड़कों पर
तुम्हारे छोडे निशान अब भी हैं
पर वे तुम तक नहीं ले जा रहे

लेकिन मैं जानता हूँ की तुम यहीं कहीं हो
क्योंकि धर्मतला के मैदानों में
मुझे तुम्हारी सुगंध आती है

वहाँ मलिन गुरनाई एक जोड़ी आँखो की
एक झलक सी दिखती है मुझे
जिनमें रोष इतना है मानो
संभव हो तो किसी को जीवित ही निगल जाएं
मेरे कानों में एक उत्साहित चीख गूंजती है
जिसे मैं पहचानता हूँ
मुझे दिखते हो तुम बेफिक्र हँसते हुए
इधर उधर भागते हुए
हारे पर आशा से भरे हुए
तुम्हारी ऊर्जा को बड़े करीब से महसूस कर पाता हूँ मैं
वे हरे मैदान मुझे भावनाओं के नीले सागर दिखते है
पर जैसे ही मैं तुम्हारे आभा में मंत्रमुग्ध होने लगता हूँ
तुम कभी नहीं चुकते
मुझे इसका आभास कराने से
की तुम मात्र एक मृगतृष्णा हो

बांधने की कोशिश

सामने दराज में घड़ी पड़ी हुई है
मुझसे कई बार उसे बांधने के लिए कहा गया है
मैं उसे बाँध भी लेता
अगर वह मुझे बांधने की कोशिश न करती
उसे पहर दोपहर बताने के लिए रख लूँ
तो वह मेरा समय तय करने लगती है
और आस्ते से कब वह समय के साथ
मेरे फैसले करने लगती है
इसका इल्म न होता है
बैट्री से नाचती मेटल की सुई
कब हाड़ मांश के चलते फिरते ढांचों को
कठपुतली बना लेती है
और कब कलाई पर वह कल आई घड़ी
नरेटि के गाँठ गिनने लगती है
इसका अंदजा न लगता है
यह सब इतने सफाई से होता है
की लोगों को अब तक
घड़ी के वफादारी पर शक न हुआ है
कमाल है की वे जिन्हें
अपने साये तक पर भरोसा नहीं
वे प्रश्न नहीं कर रहे उसके औचित्य पर
वे जिनकी टिपणीयाँ अकसर हीं अभद्र रही हैं
दुसरों के चरित्र पर
वे भी मोहित हुए पड़े हैं
घड़ी के नृत्य पर
कमाल है
की किसी को घड़ी की बातों पर शक नहीं
यहाँ सवाल है
क्या समय का घड़ी पर हक नही

करताल का रण

मानो मध्यमा से,वो मिटता दाग
मिटते पहचान को अंकित रहा हो
प्रदेशिनी का नर्म पड़ता रुख
संभवतः कला के अंत को पुकार रहा हो
स्थूल भ्राता के पोरों का नर्म पड़ना
स्वभाविक रूप से वर्षों से अर्जित किए
शस्त्र कला के नाश का गायन कर रहा हो
वहीं अग्रजा से अनुजा तक का नर्म पड़ जाना
कर्मठता की अनुपस्थिति को
संपूर्ण रूप से लिखित कर रहा है
रविपुत्र के पैरों का यूँ आपस में लिपट जाना
सहज नहीं लगता,
तो वहीं मंशपेशियो से भरे ओजस्वी
सिंह के भुजाओं का नव जाना
सामर्थय पर शंका को उत्पन्न करता है
करताल के पहाड़ी मैदान में
नदियों से रचित चकरव्यहू
और नदियों से कट कर
नए नहरों का आगमन
तो कहीं नहरों का नालों में विभाजन
साथ ही तरंगिणी का
अलग दिशाओं में गमन करना
अचरज में डाल देता है
इन नव सरिताओं के आकस्मिक आगमन से
पुराने जलमालाओं का लुप्त हो जाना
तथा विभाजन के उपलक्ष में
कुछ नदों का कहीं
गहरा तो कहीं छिछला हो कर

नवरूप को धारण कर लेना
नवीन अध्याय का बोध कराती हुई नज़र आती है

करताल के पहाड़ी मैदान
रणभूमि के छेत्र है
गहराई से देखने पर
आकर्षक रूप से भयावह लगते है
कहीं तीखे उठ जाते है
जैसे नभ को चिर निकल जाए
तो कहीं गोलाई धारण किए है
जिस पर साधु संत बैठ तप जाप मे लीन है
मैदान के उपरी छोर पर कुछ
टीले है जो थोड़ी उचाई पर संम्तल है
जहाँ जन जीवन का संचय हो रहा है
इन पहाड़ियों और टीलों के बीच की
आकस्मिक खाई भय की जननी है
जो ना जाने अपने कोख में
क्या छुपाए बैठी हो

उस खाई में जितना झांकता हूँ
इन पहाड़ी मैदानों को मैं जीतने करीब से देखता हूँ
मुझे रोचक लगते हैं
ये शोध के योग्य हैं
की किस तरह इन्होंने विश्व के सबसे बड़े राक्षसों को भी
खुद की चौहद्दी में कैद कर रखा है
और कितने सरलता से
मैं उसे मुठी में बंद कर लेता हूँ

धो दो मुढता मुझ जड़ के

उमड़ उमड़ गरजो
भर जी बरसो
आओ धो दो मेरे मन को
बड़े दिनों से मिले न तुम
प्यास लगी होगी वन को
ज्वलंत कंठ बुझाओ उनकी
सरिताओं में नया उफान भर दो
उर्वी को को जीवन का वर दो

घुमड घुमड घेरो
तन मेरो
दहाड़ो नभ के शेरों
ऊँघड ऊँघड बरसो
हम लोटे लोंघढ़ लोंघढ़ के
आओ बौछार लिए बरखा
धो दो मुढता मुझ जड़ के

मुस्लाधार बरसो वृष्टि
उष्मा से ऊब चुकी सृष्टि
आओ पावन करो कण कण को
प्रतिक्षा तुम्हारी जन जन को
अब आओ भी की तरस गयी दृष्टि
मुस्लाधार बरसो वृष्टि

कोई है

कोई है
जो मेरे आँख बंद करने के बाद भी
मेरे आँखो में आँखे डालता है
मुझे घूरते रहता है
कोई है
जो मेरे सो जाने के बाद
मेरे कानों में कुछ कहता रहता है
कोई है
जो रात भर मेरे माथे से
तकिया खीचते रहता है
कोई है
जो बार बार मेरे दरवाजे पर
घंटी बजाने आता है
लेकिन डोरबेल के स्विच पर
उंगलियाँ फेर लौट जाता है

कोई तो है
की मैं एक सांस सुन पाता हूँ
कुछ तो हुआ है
की चीजें शांत पड़ी है
बादलों का रंग बदला है
कोई तो बात है
जो यह लोग बुद्बुदाते हैं
कुछ तो है
जो मैं नहीं जानता

रक्षा बंधन

आओ सखी बाँधू
तुमको यह डोर
की बात जब रक्षा की ही है
तो तुम क्यों रहो उस ओर

तुम खड़ी थी साथ मेरे
जब जब न हुआ था भोर
तुम तब भी थी पास मेरे
जब घुसा था मन में चोर

मैंने बँधा है यह डोर पिता को
कैसे भूलूँ
मेरे खातिर उन पर बिता जो
मैंने बंधा यह सूत जननी को
मेरे विघ्नों की हननी को
मैं बाँधूंगा इसे मेरी ज्येष्ठा को
जिसने बल दिया मेरी चेस्टा को
उचित अनुचित का भान कराया
समय समय पर मार्ग दिखाया
मैं इसे बाँधूंगा उस अनुजा को
जो देती साहस मेरे भुजा को
मैं बाँधू यह उस रश्मि को
ऋषिका जिस सा न कोई दुजा हो

तुम अडिग थी
मुझ पर मुझ से भी अधिक
तुम ढाल बन खड़ी रही
मैं जब कभी बना मेध
तो तुम्हीं कहो भला कैसे करूँ
मैं आज भेद

एक ओर दिया नेत्र तुम्हारा

एक ओर है रंजन
बढ़ाओ गट्टा आगे
आज करने दो विधा भंजन

सुनो संगिनी हाथ बढ़ाओ
मेरा भी है तुमसे रक्षा का बंधन

मन में उठता है शोर
बाँधू तुमको भी डोर सखी
की बात जब रक्षा की ही है
तो तुम क्यों रहो उस ओर सखी

अधमरे नींद में

रात भर अधमरे नींद में पड़ा रहता हूँ मैं
जाने क्या रोग है
जाने कैसा पय
भय लगने लगा है
मुझसे भूत पिसाचों को
देख पाता हूँ मैं खुदको
तोड़ते विशाल अदृश्य ढांचों को
अलग आँच पर,
अलग सांचे में पक्का कर रखे गए है
अलग अलग खाँचे में
फिर न जाने कैसे
एक ही गति से एक ही गीत पर
एक साथ सब नाचे हैं
यह सवाल है
जिसका मुझे नहीं मिलता कोई सर पैर
न जाने उसे क्या है मुझ से बैर
खैर
आधी बची है नींद, आधी मर रही है
मैं जनता हूँ
मेधा जान बुझ कर यह कर रही है

मैं आशा करता हूँ

मुझे इसकी समझ है
की मेरे अकूताने से
बारिश जल्दी नहीं रुकने वाली
पुराने पत्ते जल्दी नहीं झड़ने वाले
नये फूल नहीं आने वाले
वे अपने समय पर आप हीं होंगे
मुझे समझ आता है
की मेरे खिसियाने से
हवाएँ अपना रूप नहीं बदलेंगी
नदियाँ अपने रास्ते नहीं छोड़ेंगी
समुद्र में लहर उठना बंद नहीं होगा
यदि कुछ होगा तो सिर्फ मेरे रक्तचाप में वृद्धि
और मेरे रक्त चाप से फर्क नहीं पड़ने वाला
फर्क नहीं पड़ने वाला
मेरे हड़बड़ाने से
अंसाने से
या मेरे होने से
फर्क तब तक नहीं पड़ने वाला
जब तक की
हम देखते नहीं एक दूसरे की आँखो से
कई जोड़ी आँखों से
कई कई तारों को
कई कई आकाशों को
कईक कोटि जीवन को

मुझे नहीं पता
मैं कितने आकाश,तारे और
जीवन को देख पाऊंगा
पर मैं आशा करता हूँ की
एक दिन मैं तुम्हें
तुम्हारी आँखों से देख पाऊंगा

मैं आशा करता हूँ की
एक रोज़ मैं तुम्हारी गीतों को
मेरे यात्रा में विकसित हुए कानों से सुन पाऊंगा

माँ का नाम

छाती फाड़ कर चिल्ला रहे हैं लोग
माँ का नाम
हाथ में लिए हुए हैं तस्वीर
और भर रहें हैं टीटकारियाँ
चिं चिं कर रही हैं उनकी गाड़ीयाँ
क्योंकि एक पर बैठें है चार
हवा में फहफ़हा के उड़ रहा है बार
सड़कों पर उतर आये है लोग
करने माँ का प्रचार
सारा भार इनके कंधों पर हीं तो है
और बाकी बचा खुचा कुछ है उस कवि पर
जो माँ को बड़ी बड़ी बातें लिख रहा है
अल्कर बथुआ भी किलो के भाव बिक रहा है

हाँ वही कवि बड़ी मंचों वाला
जिसने कल शाम को
अपनी प्रेमिका को गाली दिया था
पर वह तो प्रेमिका थी
हाँ वही कवि जिसने सुबह
अपने दोस्त की माँ को गाली दिया था
पर वह तो दोस्त की माँ है
हाँ हाँ वही कवि जिसे लगता है
कोई उस पर उंगली भी उठाय
इतना किसी में साहस कहाँ है

घर की दीवारों पर हिंदी में जरूरी हो गया है
बड़ी बड़ी अक्षरों में लिखना माँ का नाम
माथे पर भी गोदवाना पड़ेगा माँ का नाम
घर के बाहर
निकलने से पहले

मणिकर्णिका के किनारे

लाईन में लगी लाशों को
चिता से उठ कर बताना होगा
माँ का नाम
जलने से पहले
नवजातों को भी बताना पड़ेगा
माँ का नाम
चलने से पहले

इस तरह हम साबित करेंगे माँ की श्रेष्ठता
लंगई पर उतर के
लफंगई करके

हम चिल्लायेंगे माँ का नाम
छाती फाड़ कर इतने जोड़ से
निकल कर भागेंगी
दफ़न हुए बृटिशर्स की आत्माएं ताबूत तोड़ कर
हाँ इतने जोड़ से की
भाग चलेगी महारानी विक्टोरिया की आत्मा
कोलकाता छोड़ कर

चुप रहो मुर्ख लेखक
हम प्रेम करते हैं
और प्रेम जताया जाता है चिल्ला कर
हुडदंग मच्चा कर
प्रेम में सब जायज है
इसलिए हम थूक देंगे
माँ के पेट पर गुटका खा कर
तुम्हारे ही जैसे लेखकों को भागना पड़ता है प्राण बचा कर
प्राण बचाना पड़ता है घिघिया कर
मैं जनता हूँ
आज माँ मूर्छित पड़ी होगी लोछिया कर

बधाई हो
बधाई हो
हम आज़ाद हैं
हम आज़ाद हैं कैद दिमाग में
मैं कोशिश कर रहा हूँ की
कुछ अच्छे दिन लिखूँ पाऊँ माँ के भाग में

कहीं दूर बहुत दूर

इस पार उस पार की भगदड़ में
साथी
हम एक दिन एक पार होंगे

"सतर्क रहो!"
यह पथरों पर घिसे तलवार हैं
धारदार होंगे

आर पार की लडाईयों में
मैं जनता हूँ
हम आमने सामने होंगे
हर बार होंगे
उस वक्त
हमे कस कर पकड़ना होगा हाथ
और भाग जाना होगा
कहीं दूर
बहुत दूर

इन कुनबे की लडाईयों से दूर
जहाँ कोई रोक टोक नहीं होगा
जहाँ बरसात बदसूरत न होती होगी
नालियाँ नहीं भरती होंगी
इंसानी दिमागों का दुर्गंध नहीं आता होगा
जहाँ दराज़ों में किताबें नहीं सड़ती होंगी
जहाँ हम दिन भर बीमारों से
बिस्तरों पर नहीं पड़े रहेंगे
हमें भाग जाना होगा
कहीं दूर
बहुत दूर

शायद आल्प्स की गोद में
पर हम वहाँ डेरा नहीं डालेंगे
हम बस उसके साथ
महसूस करेंगे अपने होने को
और आगे बढ़ चलेंगे
जैसे हम जीवन हो
हमे रह रह कर
आल्प्स की धड़कने याद आयेंगी
जैसे याद आती है
याद बन कर
पर इस बार
हम उसमें खुदके होने को महसूस करेंगे
और बढ़ चलेंगे आगे
जैसे की हम समय हो
समय के साथ
हम प्रशांत के शरीर को टटोलते हुए
अमाजोन के छाती को लांघ
अटलांटिक की गोद में जा कर बिखर जायेंगे
ठीक टाइटैनिक की तरह
और फिर मच जायेगी अफरा तफ़्री
कुछ जोड़े हो जायेंगे
इस पार उस पार
और फिर वे पागल हो जायेंगे
पा कर यह हार
लेकिन इस आर पार की भगदड़ में

तुम देखना
हम एक दिन एक पार होंगे
लेकिन उसके लिए
हमे भाग जाना होगा
कहीं दूर
बहुत दूर

बिन खुदा का चाँद

वहाँ जहाँ तुम्हारे सिवा
दिखे नहीं
अगर और भी खुदा हो कहीं
वो जगह
हो गर चाँद पर
तो हम मिलेंगे वहीं
धूप लिए यह सुबह
जो आ गयी है खिड़की फांद कर
लिए चलेंगे हम इसे
साथ कमर में बाँध कर

चम चमाते झीलों से
चमक निकाल भर लेंगे हम आखँ में
चल चलेंगे हम कहीं
रह जायेंगे लोग ताक में
तलाशे जा रहे होंगे
हम कदम नाप के
बैठ जायेंगे हम तमी में
नदी के तह पर नाक चाप के

एक उम्र बाद जब
पूर्णिमा को
निकलेंगे माहौल भांप कर
उड़े चलेंगे हम कहीं
हद सरहद टाप कर

आम इमली से दूर
चीड़ देवदार में
हम होंगे खुले खुले
किसी खुले बधार में

बधार की हरियाली को
हम बाँध लेंगे मुठी में
भेंट देंगे अपने शहर को
जब मिलेंगे अगली छुट्टी में
छुट्टीयों की व्यस्तता में
जब भी खड़े होना
मन के टूटे बाँध पर
एक नजर फेर लेना
बिन खुदा के चाँद पर

वर्षों से

बरसो बरसो
की वर्षों से बरसे न होगे
तरसो तरसो
की अरसों से तरसे न होगे
कुछ दबा लिया होगा जान कर
कुछ निकाल पाए
जहाँ के डर से न होगे
बरसो बरसो
की वर्षों से बरसे न होगे

गरजो तड़पो
की सालों से बोला न होगा
जानता हूँ
वो दिन भी तुम्हें याद न है
आखरी दफ़ा जब ज़ुबां खोला होगा

खुले न अगर तो
तोड़ो कोपभवन की कोठरी
आखिर कब तक
लिए फिरोगे इतनी भारी मोटरी

गले पर न रुको
सर तक डूबा दो
साँस भी भीग जाए
बस इतना भीगा दो

वर्षों से सोया है कोई भीतर
बरस कर उसको जगा दो
बरसो बरसो
गुम हूँ एक उम्र से
बरस कर मुझे मुझ से मिला दो

बरसो बरसो
की वर्षों से बरसे न होगे
तरसो तरसो
की अरसों से तरसे न होगे

फिर वैसा आसाढ कहाँ

फिर वैसा आसाढ कहाँ
आया फिर वैसा बाढ़ कहाँ
अब तो कार्तिक भी हाड़ तक जाता
कल तक माघ में भी होता था जाड कहाँ

अब फागुन की सिहरन भी मन कंपाती है
जेठ में जलता तन बदन
सर को मिलता है आड़ कहाँ
फिर वैसा आसाढ कहाँ

सावन की हरियाली भी
कुछ बदले सुर में गाती है
कौन है भीतर बैठी
जो काट काट खाती है

न रजनी रंजीत करती है
न भोर बिभोर होता है
कोलाहल ही कोलाहल
क्या सुर्यलोक में भी ऐसा ही शोर होता है

अर्णव

कुछ समय से मेरी
अर्णव से बात हो रही है
और उस बात चित के दौरान
मुझे मालूम हुआ की
एक अर्णव तुम्हारे भीतर भी है
जैसे मेरे भीतर हो तुम

तुम्हारे अंदर का अर्णव
मेरे सामने के बाहरी अर्णव से
कहीं अधिक गहरा है
उसके रहस्य कहीं अधिक बड़े है

मेरे सामने के अर्णव में जो गुम हुए
उन्हें कभी न कभी ढुंढ लिया गया
पर जो भीतर के अर्णव को खोजने निकले
वे कभी लौटे नहीं

उनमें से कुछ का
पहले तो एक लंबा समय गुजर गया
सतह के लहरों में उलझ कर
गले तक हिलकोरे खा लेने के बाद
जब उन्हें होश हुआ तो
अर्णव की चौडाई में भटकते रहे
जल्द ही उन्हें एकाकीपन का डर हो गया
अकेलेपन और गुमनामी के साये में
ढोंग का जन्म होना
कोई नई बात नहीं

हालांकि अर्णव कहीं और नहीं होता
जब हम उपरी हलचल को ताकते रहते हैं
वह ठीक नीचे तह पर
उकडू, घुटना पकड़ कर
माता के गर्भ में पल रहे नवजात के तरह बैठा होता है

उसके पास जा कर
उसके प्लेसेंटा को काटने के लिए
हड़बड़ा कर मुह खोल
सांस लेने की आदत छोड़नी पड़ती है

कुछ का कलेजा तो
उसकी गड़गड़ाहट सुन कर हीं काँप गया
और वे उसे खोजने के पथ पर
कभी आगे ही नहीं बढ़े
उनमें से कुछ जो गए और
सतह पर उतराते रह गए
उनमें छिछलापन भर गया
जो कहीं खतरनाक है

खैर
हमारा तुम्हारा जो एक साझा अर्णव है
उसे तुम्हारे विचारों के विचार
प्रभावित कर रहे हैं
और चुकी तुम मेरे भीतर ही हो
तो तुम्हारे द्वारा किया गया अर्णव में हलचल
मुझ पर प्रभाव डाल रहा है

चंद्र मेरे करीबी हैं
मेरी उनसे बात होती रहती है
वे अर्णव के भी करीबी है
और क्योंकि तुम अर्णव के हिस्सा हो
तो वे तुम्हारे प्रति भी समान हैं
हमारे चर्चाओं में तुम हमेशा रहते हो
परंतु जब भी मैं उनसे
अर्णव के प्रति
तुम्हारे रवाईये की बात करता हूँ
वे मुस्का कर टाल देते हैं
जैसे मैं मेरे निर्णयों को

एक रोज़
शायद पूर्णिमा की रात रही होगी
ऐसे ही मुस्कान के साथ
बड़े भारी स्वर में वे कह रहे थे
अंत में हमारे पास रह जायेगा

सिर्फ अपने अपने हिस्से का अर्णव
जैसे हमने अपने पास रख लिया है
अपने अपने हिस्से के एक दूसरे को

कहिये

संकरी गलियां
या सकुचया मन

चिपचिपी चिलचिलाती धुप
या सुकवार तन

भाषाओं का अलगाओ
या परिश्रम और कला का अद्भुत मिलाप
कहिये
क्या देख पा रहे हैं आप

एकांत का वरदान
या भीड़ का श्राप

रजरोग का भोग
या संघर्ष का ताप

संतोष पूर्ण मृत्यु
या आजीवन कायरता का छाप
कहिये
क्या लेंगे आप
पीठ में छुरी
या मुह पर थाप

पियेंगे विष
या पालेंगे सांप
कहिये क्या चुनते हैं आप

Kya baat hai
Ki tumhe Bde log ghere rhte hai
Unme bde charchit ho
Acha Ek btao mujhko tum
Yah sb hasil krne me
Kitna khudko kharch kiya
Or Kitne yu hai tumhare kitno se tum parichit ho

दूर दूर ही रहो कान्हा
मैं निखत निहंग
न चलन की हीं सुध मुझे
न बोलन को ढंग

न तुम्ही बुलाओ मुझे
न मैं हीं करूँ तोहें तंग
मन भीतर न झाँको मेरे
चल रहा है भीषण जंग

झूठे खतों में
कुछ झूठ लिखा है
झूठे इरादों से
झूठ गढा है
किसी झूठे ने
कुछ झूठ कहा है
तो क्या बड़ी बात है ये

झूठे के कंधे पर
कोई झूठा बैठा है
सच में
झूठे के साथ झूठा उठा बैठा है
गर कोई समझ जाय
इसमें झूठ कहाँ है
तो क्या बड़ी बात हुई ये

झूठे स्याही से
झूठी कहानियों को
झूठा उतारा गया है
लीपा पोती तो हुई है पर
अब तक आंगन
न बहारा गया है
रेगिस्तान से चले थे
मैदानों को पार किया
पठारों पर चलते चलते
देखो न पहाड़ आ गया है

पहाड़ पर जो बैठा झूठा
नीचे खड़े झूठे को
झूठे इशारों से बुला रहा है
झूठा ही झूठा है वो
जो झूठे को झूठे
सहारे पर नचा रहा है
नाचने लगा जब झूठा
पैरों का चपल जो टूटा
फिर गड़ा पैरों में मटका फूटा
तो क्या बड़ी बात हुई ये

ABOUT THE AUTHOR

Abhinav Upadhyay is a first-year Sociology student at Bangabasi College, University of Calcutta. Hailing from Bhojpur district in Bihar, Abhinav has been playing professional club cricket in Bengal for over a decade, showcasing his dedication and love for the sport. Alongside his passion for cricket, he has also earned a degree in martial arts, highlighting his commitment to discipline and physical fitness.

As a writer, Abhinav's work spans across poetry, songs, stories, and critical essays that delve into the complexities of social policies and practices. His writing reflects a deep understanding of society's intricate dynamics, offering both insightful critiques and heartfelt narratives. Through his words, Abhinav seeks to challenge conventional thinking, inviting readers to engage with the world around them in a more thoughtful and reflective manner

www.ingramcontent.com/pod-product-compliance
Lightning Source LLC
LaVergne TN
LVHW091153150826
845672LV00005B/1137

9798896991274